POLYGLOTT on tour

Malediven

W0048697

Der Autor
Wolfgang Rössig

Unser E-Book-Code zur elektronischen Erweiterung des POLYGLOTT on tour. Das kostenlose E-Book enthält die im Reiseführer aufgeführten Adressen entlang der Touren, beispielsweise zu Essen und Trinken, Shoppen, Aktivitäten und Hotel-Tipps. Links auf einen externen Kartendienst vereinfachen das Auffinden dieser Adressen.

Mit großer Faltkarte & 80 Stickern für die individuelle Planung

www.polyglott.de

6 Typisch

20 Reiseplanung & Adressen

46 Land & Leute

SYMBOLE ALLGEMEIN

  Besondere Tipps der Autoren

Specials zu besonderen
Aktivitäten und Erlebnissen

 Spannende Anekdoten
zum Reiseziel

 Top-Highlights und
Highlights der Destination

TOUR-SYMBOLE		**PREIS-SYMBOLE**	
6	Stationen einer Tour		Hotel DZ
①	Hinweis auf 50 Dinge	€	bis 200 EUR
[A1]	Die Koordinate verweist auf	€€	200 bis 500 EUR
	die Platzierung in der Faltkarte	€€€	ab 500 EUR
[a1]	Platzierung Rückseite Faltkarte		

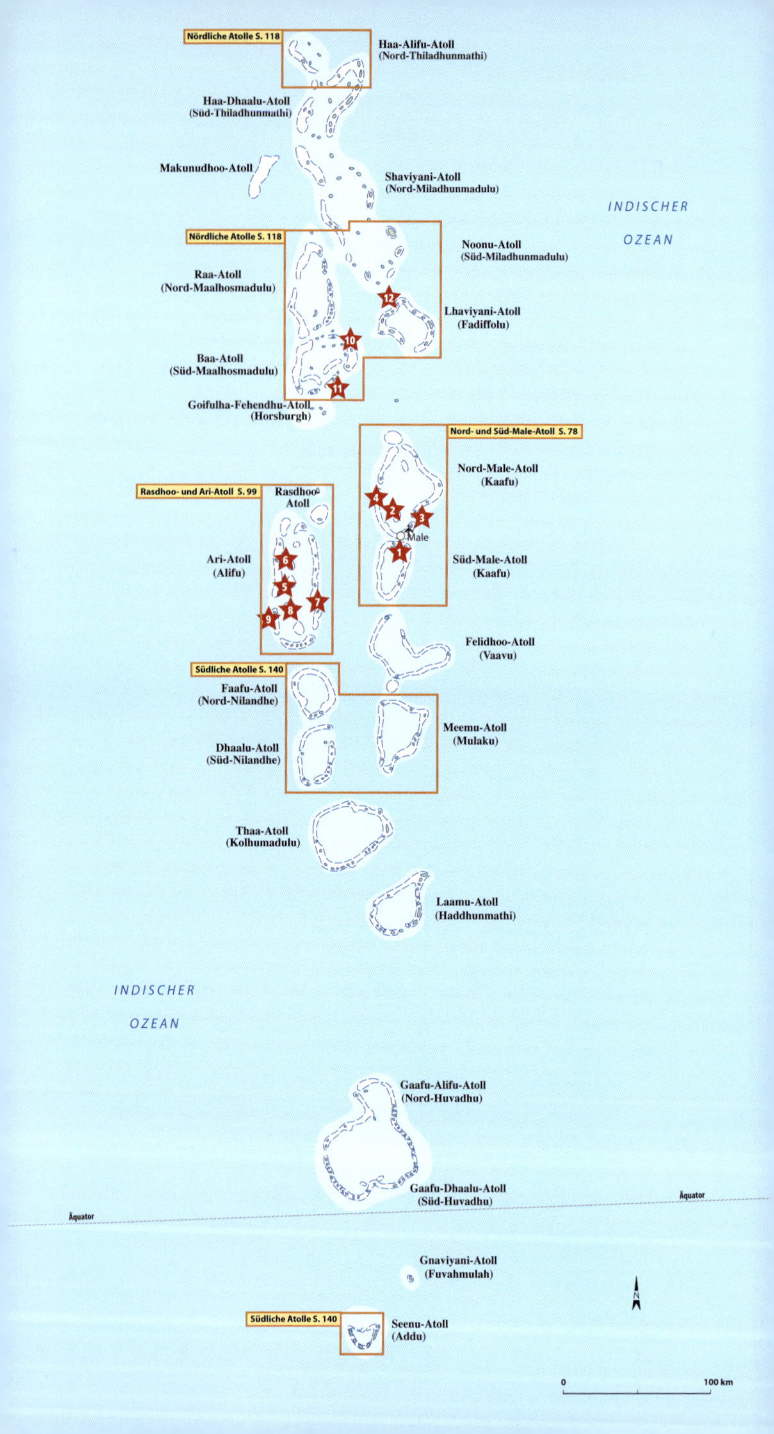

Nördliche Atolle S. 118

Haa-Alifu-Atoll
(Nord-Thiladhunmathi)

Haa-Dhaalu-Atoll
(Süd-Thiladhunmathi)

Makunudhoo-Atoll

Shaviyani-Atoll
(Nord-Miladhunmadulu)

INDISCHER

OZEAN

Nördliche Atolle S. 118

Noonu-Atoll
(Süd-Miladhunmadulu)

Raa-Atoll
(Nord-Maalhosmadulu)

Lhaviyani-Atoll
(Fadiffolu)

12

10

Baa-Atoll
(Süd-Maalhosmadulu)

11

Goifulha-Fehendhu-Atoll,
(Horsburgh)

Nord- und Süd-Male-Atoll S. 78

Nord-Male-Atoll
(Kaafu)

Rasdhoo- und Ari-Atoll S. 99

Rasdhoo-
Atoll

Male

Ari-Atoll
(Alifu)

Süd-Male-Atoll
(Kaafu)

Felidhoo-Atoll
(Vaavu)

Südliche Atolle S. 140

Faafu-Atoll
(Nord-Nilandhe)

Meemu-Atoll
(Mulaku)

Dhaalu-Atoll
(Süd-Nilandhe)

Thaa-Atoll
(Kolhumadulu)

Laamu-Atoll
(Haddhunmathi)

INDISCHER

OZEAN

Gaafu-Alifu-Atoll
(Nord-Huvadhu)

Gaafu-Dhaalu-Atoll
(Süd-Huvadhu)

Äquator

Äquator

Gnaviyani-Atoll
(Fuvahmulah)

N

Südliche Atolle S. 140

Seenu-Atoll
(Addu)

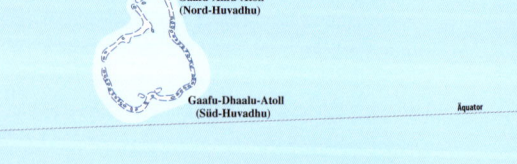

0   100 km

Besondere Tipps des Autors für Ihren Urlaub

- Maske und Flossen genügen für einen Blick in die fantastische Welt der Korallenriffe. Wenn Sie sich Bestimmungsbücher mitnehmen, können Sie am Abend nachlesen, welche Fische und Korallen Sie gesehen haben.
- Die ursprünglichen Malediven können Sie am besten während einer Kreuzfahrt durch die Atolle mit einem der hübschen Safariboote erleben. Hier haben sie die größte Chance, noch unberührte Korallenriffe zu sehen oder auf einer Fischerinsel mit Einheimischen in Berührung zu kommen. Einfühlungsvermögen im Dorf sollten Sie vor allem im Umgang mit der Kamera zeigen.
- Richtig unbewohnte und unberührte Inseln finden Sie in den neu erschlossenen Atollen Raa, Baa, Meemu und Faafu. Hier kann der gestresste Mitteleuropäer erfahren, was Einsamkeit und Natur pur ist.
- Tolle Luftaufnahmen verspricht ein Flug mit dem Wasserflugzeug – verwenden Sie einen Polarisationsfilter oder zumindest einen UV-Filter.

Top 12 Highlights

1. **Male** › S. 79
2. **Baros** › S. 85
3. **Lankanfushi** › S. 87
4. **Huvafen Fushi** › S. 88
5. **Athuruga** › S. 101
6. **Fesdu** › S. 106
7. **Huvahendhoo** › S. 107
8. **Mirihi** › S. 111
9. **Rangalifinolhu** › S. 113
10. **Fonimagoodhoo** › S. 121
11. **Kunfunadhoo** › S. 124
12. **Kuredhoo** › S. 130

Einen Tag ganz allein auf einer der 1190 Inseln? Die Hotelresorts arrangieren alles.

TYPISCH

Die Malediven sind eine Reise wert!

Wie eine Halskette aus Smaragden liegen sie da, die Atolle, ausgebreitet auf dem samtenen Blau des Indischen Ozeans. Keine Insel gleicht der anderen. Doch das wahre Paradies liegt unter Wasser: Die Riffe der Malediven gehören mit ihrem Artenreichtum zu den schönsten unserer Erde.

Der Autor **Wolfgang Rössig** studierte Literaturwissenschaften und Kunstgeschichte, beides Qualifikationen, die auf den Atollen des Indischen Ozeans eher überflüssig sind. Glaubte daher, in den Malediven den perfekten Rückzugsort entdeckt zu haben, über den er nie etwas würde schreiben müssen: ein kapitaler Irrtum. Taucht hier trotzdem immer wieder ab, um die Unterwasserbewohner der Atolle nach der perfekten Insel zu befragen.

Über Nacht hat es »geschneit«, und der blendendweiße Strand ist übersät mit unzähligen gelben Blüten des Banyanbaums. Eine seidenweiche Brise spielt in den sich fast waagerecht neigenden Palmen, und im frühen Morgenlicht beginnt die gerade noch rosa schimmernde Lagune in glasklarem Türkis zu leuchten. Ich springe aus dem Bett, die Füße graben sich in puderzuckerfeinen Sand, und schon nach wenigen Schritten plansche ich selig im warmen Wasser. Ein neugieriger Rochen schwimmt herbei. Nur das leise Rascheln eines Besens ist zu

Bereit für die Schiffstour

Der Transfer mit dem Wasserflugzeug ist eigentlich immer viel zu kurz!

hören. Der Gärtner grüßt höflich. Ob ich vielleicht eine frische *Kurumba,* eine Trinkkokosnuss, mag? Ein paar scharfe Hiebe mit der Machete, und schon rinnt köstliches Kokoswasser die Kehle hinunter. Draußen auf dem Meer gleitet langsam ein Dhoni mit geblähten Dreiecksegeln am Horizont entlang …

Das ist Urlaub auf einer »Barfußinsel« der Malediven, wie ich ihn vor 30 Jahren das erste Mal erlebte. Die Schuhe fliegen am Anreisetag in die hinterste Ecke des Bungalows. »No news, no shoes« lautet die Devise, selbst wenn zum Essen Languste und Champagner gereicht werden und jeder Gast von einem *Thakuru,* dem persönlichen Insel-Butler, umsorgt wird. Doch ich bleibe lieber den preiswerten Inseln treu. Leider sterben erschwingliche Resorts langsam aus. 2015 traf es Helengeli und Ziyararaifushi im Nord-Male-Atoll. In-

zwischen haben sie unter neuem Namen wiedereröffnet, mit verdreifachten Preisen. Und die Reisehochglanzmagazine veröffentlichen wieder Jubelarien von Journalisten, denen die Resorts ein paar Tage Oligarchenluxus spendiert haben.

Immerhin wurde seit einiger Zeit die strenge Trennung zwischen Touristen- und Einheimischeninseln aufgeweicht. Gästehäuser schießen aus dem Boden, Übernachtungen ab 70 US-$ sind wieder möglich, und dazu jede Menge Einblicke in das Leben der gastfreundlichen Einheimischen.

Resorturlauber studieren dagegen tagelang Reisekataloge, denn die Auswahl der »richtigen« Insel will überlegt sein. Flitternde Pärchen werden mit fröhlich lärmenden Familien oder Partyurlaubern wenig Freude haben, gesellige Taucher und Surfer wiederum langweilen sich im Honeymoon-Idyll. Ausweichmöglichkeiten gibt es keine,

Als diese Schildkröte geboren wurde, gab es hier noch keine Taucher!

Ein einsames Fleckchen Strand findet sich immer, sogar mit Schatten.

schillern, der Imperator-Kaiserfisch mag blaugelbe Stromlinien, der Napoleon-Lippfisch leuchtet dunkelgrün, der Juwelen-Zackenbarsch feuerrot. Vegetarische Haie wie im Nemo-Film gibt es zwar keine, aber Menschen lassen die gefräßigen Räuber in Ruhe. Es gibt genug Schmackhafteres am Riff. Am häufigsten bekommt man Schwarzspitzen-Riffhaie und Graue Riffhaie zu Gesicht. Das Baa-Atoll ist für seine vielen Mantas bekannt, die mit elegantem Flügelschlag durchs Wasser segeln, was die Gäste auf Royal Island zu schätzen wissen. Und wer im Coco Palm Resort auf Dhunikolhu wohnt, wird zum Frühaufsteher. Schon bei Tagesanbruch startet hier der Bootsausflug zu den Delfinen, die hier jeden Morgen in Gruppen an der Küste der abgelegenen Insel am Südostende des Baa-Atolls vorbeiziehen.

Der absolute Höhepunkt ist jedoch eine Begegnung mit den majestätischen Walhaien. Im südlichen Ari-Atoll findet man sie fast garantiert. Die Tauchurlauber von Sun Island und Holiday Island kennen fast kein anderes Thema als den Walhai, und viele starten täglich mit einer erfahrenen Bootscrew hinaus aufs offene Meer, um den größten Fisch der Welt zu erspähen. Die meisten Begegnungen dauern nicht länger als eine Minute, die Gespräche am Abend darüber Stunden. Die Buchung des nächsten Maledivenurlaubs ist da nur noch Formsache.

denn manches Eiland kann man in 15 Minuten umrunden.

In den exklusivsten Luxusresorts bekommt man ab 1000 US-$ pro Nacht eine Designervilla mit Luxusbad und Privatpool, und die Hotelküche zaubert Haute Cuisine, deren Zutaten täglich aus Europa und Asien eingeflogen werden. Aus Bora Bora importiert hat man die Sitte, Bungalows auf Stelzen in die Lagune hineinzubauen: Auf Huvafen Fushi und Gili Lankanfushi gibt's besonders schöne.

Tauchern ist Luxus meist nicht so wichtig, dafür legt man Wert auf ein intaktes Hausriff oder die leichte Erreichbarkeit der besten Tauchgründe. Topadressen in dieser Kategorie sind das Equator Village im südlichen Addu-Atoll, das von der Korallenbleiche nicht betroffen war, oder die Insel Fonimagoodhoo im Baa-Atoll. Hier spielen die Fische Picasso: Der Leoparden-Drücker gibt mit seinem schwarz-weiß-gelben Muster an, der Kugelkopf-Papageifisch lässt es gelb, grün und lila

Reisebarometer

Tropische Trauminseln, schneeweiße Palmenstrände, luxuriöse Resorts und eine farbenprächtige Welt unter Wasser: Die Malediven sind
ein echtes Paradies für verwöhnte Strandurlauber,
Schnorchler und Taucher.

10×
richtig
gut

Abwechslungsreiche Landschaft
Palmeninseln und eine zauberhafte Unterwasserwelt

●●○○○○

Kultur / Besichtigungsmöglichkeiten
Islamische Architektur in Male, Tanzvorführungen

●○○○○○

Kulinarische Vielfalt
Maledivische Büfetts und internationale Gourmetküche
in den Spitzenresorts

●●●●○○

Spaß und Abwechslung für Kinder
Strandvergnügen und Kinderklubs in einigen Resorts

●●●○○○

Shoppingangebot / Vielfalt
Kunsthandwerk und etwas Mode

●●●○○○

Abenteuer und Entdecken
Für echte Abenteuer muss man abtauchen.

●●●●○○

Auswahl sportlicher Aktivitäten
Tauchen, Schnorcheln, Segeln, Windsurfen, Tennis

●●●●○○

Geeignet für Strandurlaub
Puderzuckerfeine weiße Palmenstrände, glasklare
türkisfarbene Lagunen

●●●●●●

Wellness für Körper und Seele
Einige der besten Spas Asiens, Yoga und Ayurveda

●●●●●○

Preis-Leistungs-Verhältnis
Resorturlaub ist meist ein wirklich teures Vergnügen.

●○○○○○

● = gut   ●●●●● = übertrifft alle Erwartungen

50 Dinge, die Sie ...

Hier wird entdeckt, probiert, gestaunt, Urlaubserinnerungen werden gesammelt und Fettnäpfe clever umgangen. Diese Tipps machen Lust auf mehr und lassen Sie die ganz typischen Seiten erleben. Viel Spaß dabei!

... erleben sollten

(1) Flug zu den Walhaien Mit dem Wasserflugzeug von Flyme (Villa Air) können Sie die majestätischen Meeresbewohner durch große Fenster aus der Luft bewundern. Die Rundflüge starten vom Villa International Airport Maamigili [D3] ganz im Süden des Ari-Atolls (Tel. 301 3000, www.flyme.mv).

(2) Robinson für einen Tag spielen Fast jedes Resort organisiert Bootsausflüge zu einem nahen unbewohnten Eiland, lässt Sie dort mit einem üppigen Picknickkorb zurück und holt Sie abends (garantiert!) wieder ab. In der Zwischenzeit können Sie ruhig die Hüllen fallen lassen, es sieht ja niemand.

(3) Snuba Diving Diese Kombination aus Schnorcheln und Tauchen ist ideal für alle (ab 8 Jahren), die bis zu 6 m in die Tiefe möchten, ohne einen Tauchkurs zu absolvieren. Man trägt nur ein Mundstück: Die Luft wird durch einen Atemschlauch zugeführt, der an einem »mitschwimmenden« Schlauchboot an der Wasseroberfläche befestigt ist. Anbieter ist das Tauchzentrum des Resorts Angsana Ihuru › S. 94 im Nord-Male-Atoll.

(4) Surferglück Die tollsten Breaks im Nord-Male-Atoll gibt es bei Kanu Huraa › S. 90. Die besten Wellen bringt der Südwestmonsun von Juni bis August. Spezielle Surfsafaris bietet Maldive Surf an (Preis/Tag: 1300 US-$/6 Pers., Minimum 10 Tage, www.maldivesurf.com).

(5) Auf Tauchsafari gehen Mit dem Luxuskatamaran Four Seasons Explorer lernen passionierte Taucher entlegene Strände, Tauch- und Schnorchel-Reviere der Atolle kennen. Buchung bei Four Seasons Resorts von Kuda Huraa [F1] und Landaa Giraavaru [B5] (Preis: 4 Tage in einer Doppelkabine ab 2200 US-$; www.fourseasons.com/maldivesfse).

(6) Wellness unter Wasser Massagen und Therapien 7 m unterm Meeresspiegel bietet das Spa des Resorts Huvafen Fushi › S. 88 an. Durch riesige Glasfenster gucken Ihnen neugierige Fische dabei zu, wie man Sie drei Stunden lang verwöhnt.

(7) Korallen pflanzen Aktiv bei Naturschutzprojekten mitarbeiten? Das ganzjährig auf der Insel stationierte Team von Meeresbiologen des Banyan Tree Marine Lab › S. 94 auf Vabbinfaru wird sich freuen.

Surferträume werden auf den Malediven wahr

⑧ Auf Fesdu abtanzen Im »15 Below« › **S. 107**, dem einzigen unterirdischen Nachtklub der Malediven, legt Freitag und Samstag zwischen 21.30 und 1 Uhr ein DJ auf.

⑨ Eine Insel umrunden Am längsten dauert der Strandspaziergang auf Kuramathi › **S. 110**, nämlich stolze 90 Minuten. Für die kleinsten Resortinseln brauchen Sie dagegen nur zehn Minuten!

⑩ Fußball verbindet Auch auf der kleinsten Insel findet sich immer ein freies Plätzchen, auf dem Einheimische kicken und sich freuen, wenn Sie oder Ihre Kinder mitmachen.

... probieren sollten

⑪ Kurumba Viel zu selten erhält man in den Resorts die erfrischende Trinkkokosnuss. Dagegen gehört eine Kurumba auf einer Einheimischeninsel fast immer zur Begrüßung.

⑫ Gulha Die mit Curry, Kokosnuss, Zwiebeln und Chili gewürzten Thunfischstückchen werden in einer Teighülle ausgebacken und traditionell zu stark gesüßtem schwarzen Tee *(kalu sai)* gereicht.

⑬ Bajiyaa Die dreieckigen, frittierten Blätterteigtaschen sind meist mit Thunfisch, Zwiebeln, Limettensaft und Curryblättern gefüllt und mit Ingwer, Kokosnuss, Chili, Curry und Kurkuma gewürzt: ein beliebter Snack der Teehäuser von Male.

⑭ Bis Keemiya Die aus Fisch, Reis, hart gekochten Eiern und Gewürzen hergestellten Röllchen sind als Zwischenmahlzeit ganz vorzüglich und auch preiswert.

⑮ Garudhiya Die klare Fischbrühe wird mit lokalen Thunfisch-

Fisch in allen Variationen

19 **Frischer Rifffisch** Thunfische, Schnapper, Gold- und Stachelmakrelen werden mit Pfeffer, Curry, Knoblauch und Chili eingerieben und als fingerdicke Steaks *(Theluli mas)* in Kokosöl knusprig gebraten oder über Kohlen *(Fihunu mas)* gegrillt.

20 **Kulhi Borkibaa** Der süße, raffiniert gewürzte und in Scheiben geschnittene Reiskuchen ist eine beliebte Nachspeise.

21 **Diyaa Hakuru** Für diese süße Spezialität wird Palmsaft so lange gekocht, bis ein honigartiger Sirup entsteht. Anschließend wird er mit Reis und Bananen vermischt.

arten zubereitet und mit Reis oder *Roshi* serviert. Ab und zu wird *Garudhiya* mit Zitronensaft, Chili, Curryblättern und Zwiebeln nachgewürzt.

16 **Riha Hakuru** Die dicke braune Fischpaste wird von Einheimischen als Würzmittel oder Brotaufstrich hochgeschätzt. Um sie herzustellen, kocht man die *Garudhiya* so lange, bis alles Wasser verdampft ist, und gibt grüne Mango und Chili dazu.

17 **Mas Riha** Fischcurry wird in den Resorts meist nur während eines »Maledivischen Büfetts« aufgetischt. Wer spontan Lust darauf hat, wende sich an das Küchenpersonal.

18 **Roshi** Die maledivische Version des indischen Roti ist ein Fladenbrot aus Chapatimehl, das aus Gerste, Hirse und Weizen besteht. Zum Frühstück wird es mit *Massuni* serviert, einem Mix aus Salat, getrocknetem Thunfisch, Zwiebeln, Kokosflocken, Öl und Chili.

... bestaunen sollten

22 **Eine Bodu-Beru-Aufführung** Der ekstatische Trommeltanz entwickelte sich wohl Anfang des 19. Jhs. von freigelassenen afrikanischen Sklaven auf der Insel Feridhoo und wird dort heute von jungen Tänzern spontan aufgeführt › S. 72. Vom W Maldives auf Fesdu › S. 106 aus ist es nur ein kurzer Bootstrip hierher, ansonsten erleben Sie die Tänze freitagnachts in fast jedem Resort.

23 **Meeresleuchten** Besonders in mondlosen Nächten beleuchtet blaue bis grüne Brandung den Inselstrand. Dafür verantwortlich sind biolumineszierende Mikroorganismen, Kleinstlebewesen, über die man nicht viel weiß.

24 **Korallen im Addu-Atoll** Die südlichsten Atolle der Malediven › S. 150 blieben von der Korallenbleiche weitgehend verschont. Umso farbenprächtiger präsentiert sich hier die Unterwasserwelt.

25 **Die blaue Lagune** Glasklares, türkisblaues Wasser, weißer Sandstrand und eine traumhafte Palmeninsel am Horizont: Die Lagune von Olhuveli › S. 98 im Süd-Male-Atoll ist kaum zu toppen.

26 **Hammerhaie** Am Hammerhead Point (Rasdhoo Madivaru) › S. 38 des steil abfallenden Riffs vor der Insel Kuramathi frühstücken die breitköpfigen Tiere besonders gern (tgl. 5–7 Uhr), danach tauchen sie ab in unerreichbare Tiefen.

27 **Das Kreuz des Südens** Zwar liegen die Malediven weitgehend nördlich des Äquators, das berühmte südliche Sternbild sehen Sie hier aber trotzdem – zusammen mit Milliarden anderer Sterne.

28 **Die Robe von Sultan Mohammed Thakurufaanu** Dieses Beispiel für die maledivische Webkunst im 16. Jh. ist im Nationalmuseum › S. 82 von Male zu bewundern. Der als Nationalheld verehrte Herrscher trug sie bei offiziellen Anlässen.

29 **Grabsteine der Freitagsmoschee** Die fein ziselierten Grabmäler auf dem kleinen Friedhof › S. 82 zeigen, wie hoch entwickelt die Steinmetzkunst auf den Malediven einst war.

30 **Gemalte Atolllandschaften** Die National Art Gallery [b1] in Male präsentiert farbenfrohe moderne Malerei einheimischer und ausländischer Künstler (So–Do 9 bis 18 Uhr, www.artgallery.gov.mv).

… mit nach Hause nehmen sollten

31 **Grasmatten** Abstrakt gemusterte Matten aus gebleichtem Gras (thundu kunaa) waren einst königliche Geschenke. Die schönsten Exemplare gibt es heute auf der Insel Gadhdhoo [J4] im Ghaafu-Alifu-Atoll (Südliche Atolle). Je nach Größe kosten sie 80 US-$ aufwärts.

32 **Lackholzdosen** Die hübschen, mit Blumenmotiven verzierten Pillendosen, Schächtelchen, Platten und Vasen (laajehun) aus rot, schwarz oder gelb lackiertem Holz werden fast ausschließlich auf Thulhaadhoo [A5/6] im Baa-Atoll hergestellt.

33 **CDs mit maledivischer Musik** Wenn Sie Geschmack an einheimischer Percussion-Musik finden, schauen Sie in Male ins Studio Blue Waves [c1] der Band Zero Degree Atoll (Kalhuhuraa Magu, Tel. 332 3603, www.zerodegreeatoll.com).

34 **Muschelfotos** Arrangieren Sie die schönsten am Strand gesammelten Exemplare zu einem sinnigen Spruch, machen Sie ein Foto davon und überlassen Sie die Gehäuse dann wieder wohnungssuchenden Einsiedlerkrebsen.

35 Delfine aus Palisanderholz
Auf der Einheimischeninsel Himmafushi [F1] im Nord-Male-Atoll werden preiswerte Holzfiguren ge-
schnitzt und an Ausflügler verkauft.
Darunter auch Haie und Rochen.

36 Miniatur-Dhoni Für die kunstvoll gefertigte Miniatur-Replik aus
dem Holz von Hibiskussträuchern
müssen Sie mindestens 300 US-$
auf den Tisch legen. Am ehesten
fündig werden Sie im National Han-
dicraft Centre [b1] (Shop G5, STO
Trade Centre, Machangolhi, Male,
www.nhc.gov.mv).

37 Feyli Der traditionelle maledivische Sarong, ein schwarzes oder
dunkelbraunes Wickeltuch mit weißen Streifen, wird von Männern
und Frauen getragen. Die schönsten
webt man auf Eydhafushi [B5] im
Baa-Atoll.

38 Ein Designershirt von Riffath
Der anerkannte Modeschöpfer verkauft innovativen Schick, mit dem
man auch im europäischen Groß-
stadtdschungel bestehen kann (Ma.
Abhareege [b1], Male, Tel. 775 4011,
www.riffath.com).

**39 Ein Strandkleid von Island
Breeze** Leicht, luftig, mit fröhlichen
Farben, so zieht die Boutiquenkette
Urlauberinnen an. Im Conrad Ran-
geli Island Resort [B4] ist die Auswahl besonders groß (www.island
breezemaldives.com).

40 Fischbestimmungstafel Selbst
erfahrene Taucher greifen gern auf
die nützlichen, wasserfesten Tafeln
zurück. Zu kaufen gibt es sie in jeder Tauchbasis.

... bleiben lassen sollten

41 Tiefer als 30 Meter tauchen
Auch wenn die Versuchung groß ist,
besonders wenn es um Hammerhaie geht: Das maledivische Tauch-
recht untersagt es, tiefer als 30 m zu
gehen – zu Ihrer eigenen Sicherheit.

42 Leitungswasser trinken Was
auf den Malediven aus den Hähnen
fließt, ist behandeltes Regenwasser
mit oft schlechtem Geschmack. Besser ist es, Sie bedienen sich am
Trinkwasser in Flaschen, das alle
Resorts – ob kostenlos oder exorbi-
tant teuer – zur Verfügung stellen.

43 Auf einen Steinfisch treten
Die gefährlichen Fische liegen gut
getarnt auf Riffen und im schlam-
migen seichten Lagunenbett. Ihr
Rückenstachel schießt ein Gift in die
Fußsohlen, das extreme Schmerzen
verursacht und tödlich sein kann. In
den Resorts gibt es Gegengift, Lin-
derung bringt das Bad der Wunde
in sehr heißem Wasser.

44 Stachelrochen unterschätzen
Ihr Stachel kann nämlich üble Bein-
wunden verursachen. Wenn Sie über
sandige Untiefen waten, machen Sie
sich bemerkbar, dann gleiten die oft
von Sand bedeckten Tiere davon.
Die Wunde sollte mit heißem Wasser gereinigt werden.

Ansehen sollten Sie sich die Korallen, aber bitte nicht berühren!

(45) Sich Verletzungen an Korallengestein zuziehen Tote Korallen sind messerscharf, oft giftig und führen zu bösen, in den Tropen nur langsam heilenden Wunden. Gefährlich sind zurückbleibende winzige Partikel. Waschen Sie die Wunde sorgfältig mit Süßwasser aus und sparen Sie nicht an Antiseptikum.

(46) Lebende Korallen berühren Wer Korallen berührt, kann Bakterien an sie weitergeben, die tödlich sind für die Polypen. Zudem enthalten Korallen Giftstoffe, die bisweilen eine schmerzhafte Wunde oder Hautausschlag hervorrufen.

(47) Alkohol einführen Der maledivische Zoll behält Flaschen mit alkoholischen Getränken ein, gibt sie aber bei der Ausreise zurück. Alle Einheimischeninseln sind »trocken«. Damit das so bleibt, schenken die Resorts Alkohol nur aus, verkaufen aber nichts Abgefülltes.

(48) Die Tropensonne unterschätzen Die Sonne brennt in Äquatornähe viel stärker als in unseren Breiten, und auch unter einer schattigen Palme droht Sonnenbrand. Beim Schnorcheln in der seichten Lagune sollten Sie daher wasserfesten Sonnenschutz auftragen und ein T-Shirt überziehen.

(49) Knappe Badekleidung auf Einheimischeninseln tragen In Gegenwart der islamischen Bevölkerung sind Bikinis und knappe Badehosen tabu. Die Gästehäuser bringen Touristen gern zu einsamen Stränden, wo sie keinen Anstoß erregen.

(50) Nach Sonnenuntergang ankommen Dies gilt besonders für Urlauber auf entlegeneren Inseln. Denn die Wasserflugzeuge starten nur tagsüber – wer nach 18 Uhr ankommt, verbringt die erste Nacht in einem Hotel in Flughafennähe.

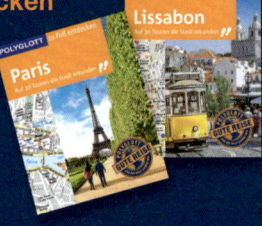
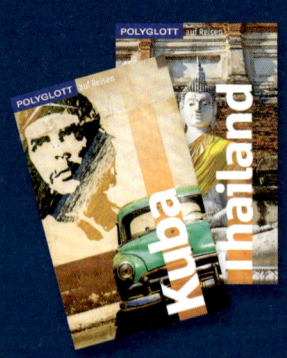

Was steckt dahinter?

Die kleinen Geheimnisse sind oftmals die spannendsten. Wir erzählen die Geschichten hinter den Kulissen und lüften für Sie den Vorhang.

Wie ticken die Inseluhren?

Sonnenuntergang schon um 18 Uhr, vor dem Abendessen? Das geht ja mal gar nicht, fanden die betuchten Gäste der Schwesterresorts von Four Seasons, Kuda Huraa und Landaa Giraavaru im Nord-Male-Atoll, die für 1000 US-$ pro Nacht entsprechendes Entgegenkommen der Natur verlangten. Das Management verstand: Jetzt gilt auf beiden Inseln eine eigene Zeitzone: eine Stunde später als auf dem Rest der Malediven. Die Sonne geht pflichtschuldigst erst um 19 Uhr unter und – was Langschläfer nicht minder erfreut – auch erst um 7 Uhr auf. Einziges Problem: Europäer müssen jetzt eine Stunde mehr Jetlag verkraften.

Droht der Untergang?

Für Taucher liegt das Beste der Malediven ohnehin schon unter Wasser. Doch die Bevölkerung der Atolle, deren Inseln in der Regel kaum mehr als einen Meter über dem Meeresspiegel liegen, ist der Klimawandel eine bitterernste Angelegenheit. Schon ein Anstieg des Meeresspiegels um 60 cm, was im Bereich der Klimaprognosen für das Jahr 2100 liegt, würde die Malediven unbewohnbar machen. 2009 hielt die Regierung der Malediven deswegen eine spektakuläre Unterwassersitzung ab: Präsident und Minister tagten in Taucheranzügen auf dem Meeresgrund vor der Insel Girifushi und unterschrieben einen dramatischen Appell zur Drosselung des CO_2-Ausstoßes an die internationale Gemeinschaft – auf eine weiße Tafel mit wasserfesten Stiften. Pläne des inzwischen aus dem Amt geputschten Präsidenten Nasheed, für sein Volk ein neues Heimatland kaufen zu wollen, liegen allerdings inzwischen auf Eis.

Mit Schnecken bezahlen?

Eine erstaunlich lange Zeit war es Leitwährung zwischen China und Afrika, das fälschlich Kaurimuschel genannte schmucke porzellanartige Gehäuse der Kaurischnecke, von der es an die 200 Unterarten gibt. Auf den Malediven war sie bis zur Einführung von Metallgeld offizielles Zahlungsmittel, und der Handel mit den Schneckenhäusern florierte. Heute sind Kaurischnecken selten und stehen unter strengem Artenschutz: Die Ausfuhr ist tabu!

Kaurischnecke am Meeresgrund

REISE-
PLANUNG &
ADRESSEN

Die Reiseregion im Überblick

Mitten im Indischen Ozean, etwa 700 km südwestlich von Sri Lanka, liegen wie eine Kette aus Smaragden die 1190 Inseln und Inselchen der Malediven. Mit schneeweißen, palmengesäumten Stränden und glasklarem, in allen erdenklichen Blautönen schimmerndem Wasser sind sie der Inbegriff eines tropischen Urlaubsparadieses.

Ihre vielerorts noch unberührte Unterwasserwelt mit bizarren Korallenformationen und farbenprächtigen Fischen begeistert Taucher. Dank des ganzjährig warmen Klimas, konstanter Wassertemperaturen von 28 °C und moderater Winde herrschen ideale Bedingungen zum Baden und für Wassersport.

Bei einem solchen Potenzial verwundert es, dass der Archipel erst vor knapp 40 Jahren für den internationalen Tourismus erschlossen wurde. Die erste Hotelanlage, Kurumba, entstand in der Nähe von Male. Bereits 1973 konnten sich Urlauber, v. a. aus den deutschsprachigen Ländern und Italien, auf Bandos, Baros und Villingili, alle im Nord-Male-Atoll, ihren Robinsontraum in einfachen Inselresorts erfüllen. Besonders für Taucher wurden die Malediven zu einem der beliebtesten Fernziele. Seitdem hat sich der Tourismus mit jährlich rund 1,5 Mio. Gästen (2016) zur Haupteinnahmequelle des Landes entwickelt. Heute erwarten auf zwölf Atollen um die 120 hochmoderne Inselresorts, 20 Hotels und etwa 250 Gästehäuser Urlauber aus aller Welt. Die Bettenkapazität beträgt derzeit knapp um die 35 000. Bis zu 100 weitere Inseln sollen erschlossen werden.

Tauchen spielt im Angebot der Inselhotels zwar immer noch eine große Rolle, doch geht der Trend in jüngerer Zeit zum hochpreisigen Luxustourismus. Einfache Resorts wie Eriyadu und Embudhu werden immer seltener, stattdessen versucht

Daran gedacht?

....

Einfach abhaken und entspannt abreisen

- [ ] Impfungen bei Bedarf (siehe Infos von A–Z)
- [ ] Reisepass / Personalausweis
- [ ] Flug- / Bahntickets
- [ ] Internationaler Führerschein (Leihwagen)
- [ ] Sitter für Pflanzen und Tiere organisieren
- [ ] Zeitungsabo umleiten / abbestellen
- [ ] Postvertretung organisieren
- [ ] Hauptwasserhahn abdrehen
- [ ] Fenster zumachen
- [ ] Nicht den AB besprechen »Wir sind für zwei Wochen nicht da«
- [ ] Kreditkarte einstecken
- [ ] Medikamente einpacken
- [ ] Ladegeräte
- [ ] Adapter einstecken › S. 153

Wasserflugzeug im Anflug auf das Süd-Male-Atoll

man, mit edlen Interieurs und umfangreichen Wellnessangeboten eine zahlungskräftigere Klientel anzusprechen. In der neuen Hotelgeneration kann man auf kultivierte Weise dem Nichtstun frönen, im Inselspa relaxen, an Weinverkostungen teilnehmen oder sich mit kulinarischen Genüssen aus aller Welt – zubereitet von Spitzenköchen – verwöhnen lassen. Wer aktiv werden möchte, findet ein breites Sportangebot. Für Kurzweil sorgen weiterhin Inselsafaris, Picknicke auf Sandbänken, Schnorchel- und Segeltrips oder Ausflüge zur Delfinbeobachtung.

Viele Resorts bieten spezielle Hochzeitspakete für verliebte Paare, die ihr Ja-Wort vor traumhafter Kulisse wiederholen möchten. Sie umfassen z. B. ein Candle-Light-Dinner am Strand und eine Fahrt mit dem Dhoni bei Sonnenuntergang. Die angebotenen Zeremonien sind in Deutschland nicht rechtskräftig und haben somit rein symbolischen Charakter, lassen an Romantik aber nichts zu wünschen übrig.

Mittlerweile findet man Urlaubsinseln auch in abgelegeneren Atollen – hier warten noch unentdeckte bzw. von wenigen Tauchschulen frequentierte Tauchplätze auf Entdeckung, und die Korallenriffe blieben von den negativen Auswirkungen des Tourismus bislang verschont. Der Schwerpunkt liegt jedoch mit mehr als 60 Hotelanlagen nach wie vor im Male- und Ari-Atoll, innerhalb eines Radius von etwa 100 km zum Flughafen Velana auf Hulhule, der einzigen Drehscheibe für den Reisenden. Von hier aus wird der gesamte Transfer zu den Inselhotels mit Wasserflugzeugen und Schnellbooten abgewickelt.

Mit der in Sichtweite gelegenen Stadtinsel Male kommt der ankommende Besucher kaum in Kontakt. Insbesondere die näheren Resorts bieten aber Tagestrips in die quirlige Inselmetropole an. In Male findet man am leichtesten Gelegenheit zu Begegnungen mit Einheimischen, die sich auf den Touristeninseln ansonsten auf den Servicebereich beschränken. Resorts dürfen nämlich bis heute nur auf unbewohnten Inseln errichtet werden, doch kann man inzwischen in kleinen Hotels und Gästehäusern auf bewohnten Inseln übernachten und einen Eindruck von den echten Malediven bekommen.

Der schönste Maledivenurlaub

Nach wie vor die gängige Reiseart ist ein Bade- und Sporturlaub in einem Inselresort. Alle Anlagen haben ihren eigenen Reiz, setzen verschiedene Schwerpunkte bei ihrem Angebot. Mit Tauchkreuzfahrten oder Tagesausflügen zu Nachbarinseln kann man den Archipel erkunden. Individualurlauber können inzwischen auch mit Fähren von Insel zu Insel hüpfen.

Urlaub auf einer Hotelinsel

Jeder Gast hat unterschiedliche Kriterien für die Auswahl seiner persönlichen Trauminsel: Für den einen sind die Entfernung des Resorts von Male und das eingesetzte Transportmittel zentrale Aspekte, für den anderen die Lage am Außen- oder Innenriff und das Vorhandensein eines intakten Hausriffs zum Schnorcheln und Tauchen. Für einen Dritten wiederum spielen die Größe der Insel, und die Dichte der Bebauung eine wichtige Rolle. Gibt es eine zum Schwimmen geeignete Lagune, existiert ein breites Sport- und Wellnessangebot, ist ein Arzt auf der Insel vorhanden? Wie viele Restaurants besitzt die Insel und welche Küchen werden dort geboten, gibt es am Abend Unterhaltungsprogramme, und – last but not least – wie ist das Preisgefüge? All diese Faktoren gilt es vor der Buchung zu bedenken. Bei den Inselbeschreibungen finden Sie alle wichtigen Aspekte für Ihre Auswahl.

Das Gros der Hotelanlagen auf den Malediven hat nichts mit den oft unschönen Bauten bekannter Massenreiseziele gemein. In aller Regel sind die Resorts architektonisch liebevoll gestaltet und wunderschön in die Inselvegetation integriert. Wenn es dem Architekten dann auch noch gelungen ist, die Urlaubsunterkunft als ruhigen Einzelbungalow in Strandnähe zu realisieren, dann steht einem romantischen Inselurlaub nichts mehr im Wege. Besonders ursprünglich sind die sogenannten Barfußinseln, wie z. B. Angaga oder Fihalhohi. Hier bedeckt feiner Korallensand die Wege sowie die Böden der Restaurants und der Rezeption. Man kann nicht nur die Schuhe zu Hause lassen, auch sonst geht es relativ locker und ungezwungen zu. Niemand stört sich daran, wenn Gäste in T-Shirt und Shorts zum Essen erscheinen.

Man wird schnell ruhig und träge auf einer der kleinen Inseln, wo man bei einem Rundgang nach 10 bis 15 Minuten wieder am Ausgangspunkt angekommen ist, es nur wenige Schritte zu Restaurant, Coffeeshop und Strandbar sind und der Strand zum Faulenzen vor der Tür liegt. Wer Strandspaziergänge liebt, wird eher eine der großen Inseln mit ausgedehnten Sandstränden wählen, wie z. B. Dhunikolhu, Kuredhoo, Filitheyo, Kudafunafaru oder Irufushi. Noch mehr Bewegung kann man sich bei diversen Wassersportarten, Volleyball und mancherorts auch Tennis unter Flutlicht verschaffen. Die neuere Resortgeneration besitzt zudem klimatisierte und meist gut ausgestattete Fitnessräume.

Auf Dhunikolhu kommt auch mal ein Reiher zu Besuch

Tauchkreuzfahrtschiff der Luxusklasse: Four Seasons Explorer

Qualifiziertes Personal verwöhnt Sie in den oft wunderschön gestalteten Spa-Anlagen vieler Hotels. Wer hingegen einfach nur in paradiesischer Umgebung dem Müßiggang frönen möchte, findet sicher eine Hängematte zum Dösen im Halbschatten oder zum ausgiebigen Schmökern. Einige der neuen Luxusresorts werben mit Bibliotheken – der Großteil der vorhandenen Bücher ist allerdings englischsprachig.

Abenteuer Tauchkreuzfahrt

Ganz anders gestaltet sich eine Tauchkreuzfahrt. Taucher sind sehr aktiv und wollen möglichst viel Zeit unter Wasser verbringen. Die Grenzen werden durch den dabei aufgenommenen Stickstoff vorgegeben, drei Tauchgänge pro Tag sind aber die Regel.

Mit Kreuzfahrtschiffen erreicht man auch noch weitgehend unberührte Tauchgebiete und Atolle und lernt Land und Leute besser kennen. Der Kontakt mit der einheimischen Crew und **!** Besuche auf unbewohnten Eilanden und Fischerinseln eröffnen gänzlich andere Eindrücke als die Hotelinseln.

Das Spektrum der eingesetzten Schiffe reicht vom kleinen Jachtdhoni mit einfacher Gemeinschaftskabine ohne Dusche (selten geworden) bis zur luxuriösen 35-m-Motorjacht mit großzügigen, klimatisierten Kabinen, Bar und Begleitschiff. Wer Mobilität mit einfachem Komfort verbinden möchte, wählt eine Schiffsgröße bis etwa 24 m Länge. Schiffe bis zu dieser Größe sind seetüchtig und können dennoch in flache Lagunen einfahren, zudem lassen sie sich für Tauchzwecke noch gut manövrieren. 35 m lange Schiffe bieten mehr Komfort, haben aber auch eine größere Belegungszahl. Letztere ist ein weiteres wichtiges Kriterium bei der Auswahl des Schiffes – es macht einen großen Unterschied, ob man den begrenzten Raum mit 24 oder nur mit sechs Personen teilen muss. Auch das Unterwassererlebnis ist natürlich bei einer kleineren Gruppe intensiver und zudem sicherer zu gestalten.

Getaucht wird fast immer von einem kleineren Begleitschiff aus, auf welchem auch alle Tauchutensilien und der Kompressor untergebracht sind. Die Unterkunft in den Schiffen ist naturgemäß auf kleine Kabinen beschränkt, geräumige Suiten sind bislang die Ausnahme. Wer der gelegentlich nicht funktionierenden oder auch geräuschvollen Klimaanlage entkommen möchte, findet auf Deck immer ein kühles Plätzchen. Alle paar Tage wird zum Abbau von Stickstoff ein tauchfreier Tag eingelegt – der richtige Zeitpunkt, um eine unbewohnte Insel anzulaufen und dort ein von der Crew organisiertes Picknick oder abendliches Barbecue zu genießen.

Viele der Schiffe werden von Veranstaltern saisonweise unter Vertrag genommen und mit einem Flugarrangement an Tauchgruppen verchartert, in Deutschland z. B. von Sub Aqua Tauchreisen (www.sub-aqua.de) oder Orca Tauchreisen (www.orca-dive.de). Der höheren Rechtssicherheit wegen bucht man Tauchkreuzfahrten am besten vorab zu Hause. Um zu unbekannten Tauchgründen vorzustoßen, sind 14-tägige Touren ideal, bei kürzeren Fahrten gelangt man kaum aus dem Bereich des Male-Atolls hinaus. Eine weitere Möglichkeit besteht darin, die Kreuzfahrt an einem der Regionalflughäfen beginnen zu lassen. In diesem Fall bewegt man sich derzeit noch in weitgehend unerkundeten Tauchgebieten. Tauchgänge in solchen Revieren bergen für Anfänger unkalkulierbare Risiken. Ganz allgemein gilt, dass Tauchkreuzfahrten eher für erfahrene Taucher geeignet sind. Zur Sicherheit werden die Touren von qualifizierten Tauchguides begleitet.

Klima & Reisezeit

Auf den maledivischen Inseln herrscht ein sehr ausgeglichenes, feucht-tropisches Meeresklima, das in der Hauptsache von den Monsunwinden bestimmt wird.

Zweimal jährlich wechselt der Wind seine Richtung. Der von Mai bis Dezember wehende Südwestmonsun entsteht dadurch, dass die riesige Landmasse des asiatischen Kontinents im Norden sich schneller erwärmt als die Wasserfläche des Indischen Ozeans im Süden. Die über der erwärmten Landfläche aufsteigenden warmen Luftmassen werden durch die kühleren Luftmassen des Ozeans ersetzt, die auf ihrem langen Weg übers Meer große Mengen an Wasser aufnehmen können, sodass es zu heftigen Regenfällen kommt. Die Erddrehung lenkt die in Süd-Nord-Richtung strömenden Luftmassen auf der nördlichen Halbkugel in eine Strömung von Südwest nach Nordost um. Der Südwestmonsun kennzeichnet die Regenzeit mit starken Winden.

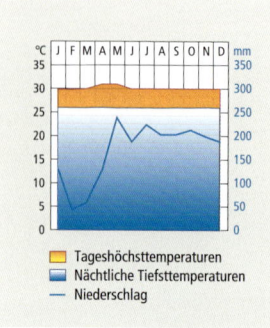

Tageshöchsttemperaturen
Nächtliche Tiefsttemperaturen
— Niederschlag

In den Wintermonaten kühlt die nördliche Landmasse ab, und die Luft strömt nun in die relativ warmen ozeanischen Gebiete. Ab Mitte Dezember dreht der Wind nach einer Periode wechselnder Winde um 180° auf Nordost. Mit der Änderung der Windrichtung werden auch die Meeresströmungen umgelenkt. Die durchschnittliche Strömungsgeschwindigkeit an der Oberfläche beträgt 1–2 km/h. Das Klima des Nordostmonsuns wird besonders im Februar und März mit seinen relativ geringen Niederschlagsmengen als sehr angenehm empfunden.

Zusätzlich unterliegt das Klima der Malediven einem Nord-Süd-Gefälle. Im Norden findet man geringere Niederschlagsmengen, konzentriert auf kurze, heftige Regenfälle. Manchmal streifen extrem starke Winde vor allem die nördlichen Atolle. Die äquatornahe Lage der südlichen Atolle dagegen hat gleichmäßig verteilte Niederschläge zur Folge, und der Nordostmonsun zeigt nur geringe Auswirkungen. Die Niederschlagsmenge beträgt im Jahresdurchschnitt ca. 2000 mm. Allerdings zeigen sich die Folgen der Erderwärmung zunehmend auch auf den Malediven – so sind Zeitraum und Intensität des Monsunwechsel nicht mehr so ausgeprägt, und starke Winde und Regenfälle können sich auch während des naturgemäß trockenen Nordostmonsuns, hier insbesondere im Januar, einstellen.

Bei durchschnittlichen Tagestemperaturen von 28 °C beträgt die größte jahreszeitliche Schwankung lediglich 2 °C. Die Luftfeuchtigkeit von etwa 80 % ist dank ständiger Winde und schattiger Palmen gut zu ertragen. Während der Monsunwechsel wird das Klima besonders nach Niederschlägen als drückend empfunden, weil keine oder nur schwache Winde die Schwüle mildern. Für den Tauchsport sind die Monate Januar bis April mit klarem Wasser, geringeren Niederschlagsmengen und moderaten Winden der Stärke 2 bis 3 Beaufort am besten geeignet (aktuelle Wettervorhersagen unter www.meteorology.gov.mv).

Die Malediven sind ein muslimisches Land, und somit spielt die jährliche vierwöchige Fastenzeit, der Ramadan, eine große Rolle im Leben der Menschen. Er fällt in den neunten Monat des islamischen Kalenders. Während dieser Zeit wird zwischen Sonnenauf- und Sonnenuntergang nicht gegessen und getrunken. Auch wenn das Servicepersonal bemüht ist, den Gast von eventuellen persönlichen Beeinträchtigungen nichts spüren zu lassen, so sollte man dennoch der Situation Rechnung tragen und keine hundertprozentige Leistung verlangen.

Anreise

Die Malediven werden von Europa aus v. a. per Charter nonstop angeflogen. Im Sommer ist mit etwas vermindertem Flugangebot zu rechnen. In der Hauptsaison (Nov.–April) gibt es täglich Flüge nach Male. Noch startet Air Berlin von Düsseldorf und München, Condor von Frankfurt/M., jeweils mit Zubringerflügen von größeren deutschen Städten.

Linienflüge bieten u. a. Emirates, Etihad und Qatar Airways an. Von Wien fliegt Austrian Airlines, von Zürich Edelweiß Air nach Male. Der Nonstop-Flug dauert ca. 10 Stunden.

Kostenlose Gepäckwagen stehen im modernen Flughafengebäude zur Verfügung. Alles Gepäck wird bei der Einreise durchleuchtet und stichprobenweise untersucht. Mitgebrachte Alkoholika werden beschlagnahmt und bei der Ausreise wieder ausgehändigt, bei Verdacht auch elektronische Geräte nach »Pornografie« untersucht. Am Ausgang wendet man sich für den Weitertransport zum gebuchten Inselresort an die Vertretungen der Hotelinseln und Reiseveranstalter. Mitarbeiter führen die Gäste von dort zum nahen Landungssteg, von dem Schiffe zu den Hotelinseln starten. Zu den weiter entfernt gelegenen Inseln verkehren – in der Regel nach nur kurzem Aufenthalt – Wasserflugzeuge. Sie starten vom gleichfalls auf der Flughafeninsel Hulhule gelegenen Sea Plane Terminal, der Transfer erfolgt mit Bussen.

Reisen im Land

Inzwischen dürfen ausländische Besucher weitgehend ohne Einschränkungen auch auf eigene Faust die Atolle bereisen. Auf immer mehr Einheimischeninseln werden Gästehäuser eröffnet. Für die meisten Besucher besteht ein Maledivenurlaub aber weiterhin aus einem Aufenthalt auf Hotelinseln – mit Ausnahme von organisierten Exkursionen auf einem Tauchkreuzfahrtschiff oder zu einigen ausgewählten Einheimischeninseln.

Transfer zu den Hotelinseln

Zu den Inselhotels beträgt die Transferzeit mit dem Schnellboot je nach Entfernung, Wetterverhältnissen und Seegang bis zu 2½ Stunden, mit dem Wasserflugzeug zwischen 25 und 40 Minuten. Zu nahe gelegenen Hotelinseln startet man direkt vom Flugplatz aus, entweder mit einem traditionellen Dhoni, mit dem lokalen Wassertaxi oder mit einem Schnellboot. Für den Transfer zur nahen Stadtinsel Male liegen Wassertaxis am Airport auf Hulhule bereit (Public Ferry Dock, alle 15 Min.).

Gebräuchlichstes Transportmittel auf den Malediven

Die Zubringerflüge zu/von entfernteren Hotelinseln werden durch die private Chartergesellschaft Trans Maldivian Airways (Male International Airport, Tel. 334 8454, www.transmaldivian.com) mit über 40 Wasserflugzeugen (DHC-6 Twin Otter) durchgeführt. Drehscheibe für diese Flüge ist das gleichfalls auf der Flughafeninsel Hulhule befindliche Sea Plane Terminal. Der Transfer dorthin erfolgt mit klimatisierten Bussen. Da Wasserflugzeuge nicht in der Nacht fliegen dürfen, kann bei Ankünften nach 18 Uhr eventuell eine Übernachtung in Male oder Umgebung erforderlich werden.

Inlandsflüge

Maldivian (www.maldivian.aero; Buchung: Aifaanu Bldg., Boduthakurufaanu, Tel. 333 5544, sales@island.com.mv) fliegt mehrmals wöchentlich von Male nach Gan im Addu-Atoll (ab 450 US-$), nach Hanimaadhoo im Haa-Dhaalu-Atoll (ab 400 US-$), nach Kaadhedhdhoo im Gaafu-Dhaalu-Atoll (400 US-$) und nach Kadhdhoo im Laamu-Atoll (ab 500 US-$), jeweils Hin- und Rückflug. Island Aviation Services bietet auch Charterflüge mit einer Dash 8-200 oder 8-300 an (je nach Ziel 4200–12 000 US-$ für das ganze Flugzeug; 25 MRf plus 5 MRf/Gepäckstück, also etwa 2 US-$).

Taxis

Auf größeren Inseln, vor allem aber in Male stehen Taxis (20 MRf plus 5 MRf/Gepäckstück) zur Verfügung. Die Anforderung erfolgt telefonisch in einem der vielen Geschäfte oder durch Zuruf. Wer einmal in der Mittagshitze die Hauptstadt zu Fuß durchquert hat, wird die Annehmlichkeit der klimatisierten Wagen zu schätzen wissen.

SEITENBLICK

Atolle der Malediven

Die 26 geografischen Atolle sind in 20 Verwaltungsatolle unterteilt und von Nord nach Süd in alphabetischer Reihenfolge mit Buchstaben bezeichnet. Die traditionellen Namen sind nur noch im Bereich des Tourismus für die Atolle Nord-Male, Süd-Male, Ari, Felidu, Nilandhe und Addu gebräuchlich. Den Kennbuchstaben des Atolls tragen übrigens auch alle maledivischen Schiffe am Bug. Zugunsten einer Dezentralisierung und demokratischeren Verwaltung hat man 2008 begonnen, die Atolle in sieben Provinzen zu unterteilen.

Amtliche Bezeichnung	Alphabet	Traditioneller Name
Provinz Upper North		
Haa-Alifu-Atoll	A	Ihavandiffulu-Atoll
		Nord-Thiladhunmathi-Atoll
Haa-Dhaalu-Atoll	B	Süd-Thiladhunmathi-Atoll
		Makunudhoo-Atoll
Shaviyani-Atoll	C	Nord-Miladhunmadulu-Atoll
Provinz North		
Noonu-Atoll	D	Süd-Miladhunmadulu-Atoll
Raa-Atoll	E	Nord-Maalhosmadulu-Atoll
Baa-Atoll	F	Süd-Maalhosmadulu-Atoll
Goifulhafehendhu-Atoll		Horsburgh-Atoll
Lhaviyani-Atoll	G	Fadiffolu-Atoll
Provinz Central North		
Kaafu-Atoll	H	Nord-Male-Atoll
		Süd-Male-Atoll
Alifu-Alifu-Atoll	U	Nord-Ari-Atoll
Alifu-Dhaalu-Atoll	I	Süd-Ari-Atoll
Vaavu-Atoll	J	Felidhoo-Atoll
Provinz Central		
Meemu-Atoll	K	Mulaku-Atoll
Faafu-Atoll	L	Nord-Nilandhe-Atoll
Dhaalu-Atoll	M	Süd-Nilandhe-Atoll
Provinz Upper South		
Thaa-Atoll	N	Kolhumadulu-Atoll
Laamu-Atoll	O	Haddhunmathi-Atoll
Provinz Central South		
Gaafu-Alifu-Atoll	P	Nord-Huvadhu-Atoll
Gaafu-Dhaalu-Atoll	Q	Süd-Huvadhu-Atoll
Provinz South		
Gnaviyani-Atoll	R	Fuvahmulah
Seenu-Atoll	S	Addu-Atoll

Unterwegs mit Kindern

Umgeben von Wasser und gesäumt von den schönsten Stränden, sind die Malediven ein ideales und sicheres Ziel für den Urlaub mit Kindern. Es gibt keine gefährlichen Tiere an Land, keine übermäßige Hitze und kaum eine Infektionsgefahr. Gänzlich unvorbereitet sollte man den Nachwuchs allerdings nicht auf eine Insel verfrachten, schnell kann Langeweile für unliebsame Reaktionen sorgen. Eine für Kinder geeignete Urlaubsinsel darf nicht zu klein sein. Ideal sind Inseln mit langen, flach abfallenden Sandstränden, einem dichten Palmenwald, der am Strand für Schatten sorgt, Planschbecken im Süßwasserpool und mehreren Restaurants, deren Speisekarte auf die Bedürfnisse der Kleinen eingeht.

Eine gute Idee ist die virtuelle Reise zum Urlaubsziel mit seiner Tierwelt am heimischen Computer. Ohne den Kindern Angst einzujagen, wird so die Vorsicht vor potenziell gefährlichen Tieren wie nesselnden Korallen, Quallen und mit Stacheln bewehrten Fischen, aber auch das Verständnis für den Lebensraum Korallenriff geweckt. Spielen am Strand und im Flachwasser sollte nur unter Aufsicht Erwachsener, Schnorcheln, Tauchen und Schwimmen ausschließlich in Begleitung Erwachsener stattfinden.

Kindertauchen

In vielen Tauchschulen werden spezielle Tauchkurse für Kinder im Alter von 8–12 Jahren angeboten (z. B. PADI Bubblemaker oder Seal Team). Das Kind sollte aber freiwillig und mit Spaß an dem Kurs teilnehmen, niemals auf Verlangen der Eltern. Die gesundheitlichen Voraussetzungen lässt man am besten schon zu Hause von einem qualifizierten Taucherarzt abchecken (einschlägige

Adressen kennen die Tauchschulen). Die Kurse werden unter Verwendung kindgerechter Ausrüstung von qualifizierten Tauchlehrern, im Idealfall mit höchstens zwei Kindern je Lehrer, in flachen und ungefährlichen Gewässern durchgeführt. Auch die späteren Spaßtauchgänge sind dem Können der Kinder angepasst.

Der Langeweile keine Chance

Sollten die Sprösslinge für Unterwasser-Erkundungen noch zu klein oder an anderen Dingen interessiert sein, bieten einige Inseln einen Miniklub mit altersgerechten Aktivitäten an – sehr praktisch, wenn die Eltern z. B. tauchen gehen wollen. Spannende Alternativen sind eine Schatzsuche am Strand, die Eroberung einer unbewohnten Insel als Piraten oder eine Robinsonade im Rahmen eines Tagesausflugs. Wer sich als Jugendlicher auspowern möchte, kann in den klimatisierten Gyms der Hotelinseln das heimatliche Fitnessprogramm fortsetzen; ins Internet kann man sich auf fast allen Inseln einloggen, und manche bieten sogar einen Spielsalon.

Richtig vorgesorgt

Ganz wichtig ist ein ausreichender Sonnenschutz durch Cremes mit hohem Lichtschutzfaktor und Kopfbedeckung; beim Planschen im Wasser schützen T-Shirt bzw. spezielle UV-Schutz-Badeanzüge vor dem im Wasser kaum spürbaren Sonnenbrand, aber auch vor etwaigen Nesseltieren. Fußverletzungen durch kleine Korallenstücke werden durch Badeschuhe vermieden. Sollte wirklich einmal ein Arzt vonnöten sein, so bieten einige Hotelinseln medizinische Dienstleistungen vor Ort an. In Notfällen ist natürlich der Transport in eines der regionalen Krankenhäuser oder gar per Schnellboot oder Wasserflugzeug nach Male erforderlich. Daher ist es sicher kein Fehler, sich bei einem Urlaub mit Kindern für eine Insel in nicht allzu weiter Entfernung von Male zu entscheiden.

Familieninseln

Besonders die größeren Inseln bieten eine abwechslungsreiche Infrastruktur mit mehreren Restaurants und Coffeeshops, gefahrenfreie Strände, Poollandschaften mit Kinderbecken, Spielräume, Kinderbetreuung und Animation, für Kinder geeignete Sportarten, Ausflüge zu nahen Inseln und manchmal auch eine inseleigene ärztliche Versorgung. Hier eine kleine Auswahl:

- **Meerufenfushi**
  (Meeru Island Resort)
  im Nord-Male-Atoll › **S. 92**
- **Kandooma**
  (Kandooma Maldives)
  im Süd-Male-Atoll › **S. 97**
- **Dhidhufinolhu**
  (Lux* Maldives)
  im Ari-Atoll › **S. 103**
- **Kuramathi**
  (Kuramathi Village)
  im Rasdhoo-Atoll › **S. 110**
- **Nalaguraidhoo**
  (Sun Island Resort)
  im Ari-Atoll › **S. 112**
- **Kuredhoo** (Kuredu Resort Maldives) im Lhaviyani-Atoll › **S. 130**

Sport & Aktivitäten

Auf den Malediven liegt der Schwerpunkt der sportlichen Aktivitäten selbstredend auf dem Wassersport. Das Angebot unterscheidet sich von Insel zu Insel nur geringfügig und reicht von Tauchen und Schnorcheln über Segeln und Surfen bis zu Wasserskifahren und Paragliding.

Tauchen

Für Taucher aus aller Welt sind die Malediven als eines der letzten intakten Riffgebiete der Erde mit einer unglaublichen Vielfalt an Formen und Farben das Traumziel schlechthin. Ohne großen Aufwand und bei besten Voraussetzungen kann man auf den Malediven in diese schöne Sportart einsteigen – Anfänger sind ebenso willkommen wie erfahrene Taucher, die nötige Ausrüstung kann überall ausgeliehen werden. Das Wasser ist meist klar und mit 28 °C angenehm warm.

Fortgeschrittene können sofort an den angebotenen Tauchausfahrten und Tauchgängen teilnehmen. Als ausreichende Qualifikation wird eine sicherheitsbewusste Tauchbasis ein Tauchbrevet einer anerkannten Organisation samt Erfahrungsnachweis, dem Logbuch, verlangen, in dem alle Tauchgänge festgehalten und bestätigt sind. Verantwortungsbewusste Tauchlehrer werden zudem zweierlei fordern: einen Checktauchgang, der den momentanen Ausbildungsstand bestätigt, und die Vorlage einer tauchsportärztlichen Tauglichkeitsbestätigung. Wer diese nicht vorweisen kann, muss eine Unbedenklichkeitserklärung unterzeichnen und damit das Risiko selbst übernehmen.

Die besten Tauchgründe

Dort, wo sich Strömungen einstellen, etwa am Außenriff und an den Ecken von Kanaleingängen, gelangt bei Flut klares, sauerstoffreiches Wasser in das Atoll und sichert ein reichhaltiges Futterangebot für die Meeresbewohner. Am Eingang der Riffkanäle sind unter diesen Bedingungen Großfische wie Haie, Rochen und Thunfische zu beobachten. Am Außenriff sind auch die Korallenformationen gewaltiger – in der starken Brandung können sich vorzugsweise die massiven Arten wie z. B. Elchgeweih- und Porenkoralle behaupten.

Bei auslaufendem Wasser zeigt sich der zuvor so imposante Tauchplatz aber von einer ganz anderen Seite: Das Wasser kann plötzlich trübe werden, und bei den schlechteren Sichtverhältnissen wird es manchem Taucher unheimlich. Auch aus Gründen der Sicherheit – ein abgetriebener Taucher ist außerhalb des Atolls kaum noch zu finden – sollten Tauchgänge bei diesen Bedingungen vermieden werden.

Außerordentlich erlebnisreiche Tauchplätze für den ambitionierten Taucher sind die berühmten Thilas, im Strömungsbereich der Riffkanäle am Außenriff zwischen 10 und 30 m Tiefe auftretende Untiefen. Mit zahl-

reichen Höhlen und bizarren Fels-
formationen auf engstem Raum bieten sie hervorragenden Lebensraum
für viele Arten von Korallenfischen
und Weichkorallen.

Auch an steil abfallenden Außenriffen, wie sie häufig an der Ostseite
der Atolle anzutreffen sind, findet
der Taucher etwa ab 25 m Tiefe in
den Riffabhang hineinreichende Ka-
vernen unterschiedlicher Ausdeh-
nung – bevorzugter Lebensraum für
Höhlen bewohnende Tiere wie Muränen, Langusten und Ammenhaie.

Der geschützte Lebensraum der
Lagune mit den Riffsystemen der
Faru bietet zwar nicht das spektakuläre Erlebnis der Strömungsgebiete,
hier kann man aber in Ruhe das em-
sige Treiben von unzähligen bunten
Korallenfischen beobachten. Doch
sind im Innenriff, im Übrigen auch
an der jahreszeitlich bedingten wind-
abgewandten Seite des Großatolls,
oft etwas ungünstigere Sichtverhält-
nisse anzutreffen.

Farbenprächtige Korallenriffe

Bekannte Tauchspots

• **Kuda Rah Thila:** Mit seinen immensen Schwärmen von Blau-
striemenschnappern einer der
eindrucksvollsten und bekanntesten Tauchplätze im südlichen
Ari-Atoll. Die Untiefe wurde
zu einem marinen Schutzgebiet
erklärt, in dem nicht gefischt
werden darf. Es lohnt sich daher,
beim Umtauchen ab und zu einen
Blick in die Tiefe zu werfen –
Grauhaie und Rochen sind
hier häufige Besucher. Mit dem
Canyon, einem Felsbogen, und
den vielen Weichkorallen bieten
sich zudem für den Unterwasser-
Fotografen einmalig schöne
Landschaftsmotive.

• **Vaadhoo Island:** Im Vaadhoo-
Kanal an der Nordseite des Süd-
Male-Atolls, direkt nördlich der
Insel Vaadhoo gelegen. Beider-
seits der Insel münden Kanäle
aus dem Süd-Male-Atoll in den
großen, 5 km breiten Vaadhoo-
Kanal. Geschützt im Stauwasser
der Insel findet man ab 15 m
Tiefe einige große Grotten mit
hellblauen Weichkorallen an der
Decke, die in dem düsteren Licht
fluoreszieren. Für sehr erfahrene
Taucher bietet bei Strömungs-
stillstand in den Kanälen der
Riffabbruch in 25 bis 35 m Tiefe
viel Unbekanntes.

Auch der Juwelen-Zackenbarsch tummelt
sich im Riff

• **Embudhu Express:** Ein Strömungstauchgang für erfahrene Taucher,
wie er für die Malediven charak-
teristisch ist. Der Embudhu-Kanal
liegt im Nordosten des Süd-Male-
Atolls und ist in diesem Teil des
Atolls die einzige Öffnung. Dem-
entsprechend stark sind die Strömungen. Getaucht wird nur bei
einlaufender Strömung. Mit dem
Boot geht es in die Mitte des
Kanaleingangs, von wo auf 30 m
Tiefe abgetaucht wird. Am Kanal-
boden tummeln sich viele Grauhaie, Adlerrochen und Thunfisch-
schwärme. Nach einigen Minuten
bewundernden Staunens lässt
man sich in den Kanal hinein
treiben – auf ein *Thila* (Unter-
wasserberg) mit reichhaltigem
Fischbestand und Gorgonien-

bewuchs (Hornkorallen) folgen
eine öde Korallenbruchlandschaft
und darauf wieder neue Thilas.
Der Strömungstauchgang erstreckt sich manchmal über 2 km.
• **»Maldive Victory«:** Am 13. Februar 1981 sank neben der Flughafeninsel Hulhule der 6000-Tonnen-
Frachter »Maldive Victory«
mit Versorgungsgütern für die
Hotelinseln. Das Wrack liegt auf-
recht in 35 m Tiefe, die mittlere
Mastspitze befindet sich 12 m
unter der Wasseroberfläche.
Das 110 m lange Schiff ist völlig
intakt und bietet einem großen
Schwarm Fledermausfischen, imposanten Napoleonfischen und
Juwelen-Zackenbarschen eine
neue Heimat. Wegen der an
dieser Stelle oft auftretenden
starken Strömungen und wechselnden Sichtweiten ist das
Tauchen nur Erfahrenen mit
fundierten Kenntnissen im
Wracktauchen zu empfehlen.
• **Guraidhoo-Kanal:** Südlich der
Einheimischeninsel Guraidhoo
im Osten des Süd-Male-Atolls
liegen zwei Kanäle, von denen
der nördliche, schmal und mit
vielen bunten Weichkorallen bewachsen, einfach zu betauchen
ist. Am Kanaleingang treffen
sich viele Fischschwärme, und
ein neugieriger Napoleonfisch
kann manchmal richtig lästig
werden. Spektakulärer ist der
breite, südliche Kanal. Der Verlauf des Tauchgangs ist ähnlich
wie beim Embudhu Express. Gelegentlich können hier große Hai-
schwärme beobachtet werden.

• **Mushimasmigili Thila:** Etwa eine Bootsstunde südlich von Ellaidhoo im Ari-Atoll liegt im Strömungsbereich der östlichen Kanäle eine Untiefe, die von Tauchern und Fischern auch Fishhead genannt wird. Früher einer der weltbesten Tauchspots zur Beobachtung von Grauhaien, trifft man diese hier mittlerweile nur noch selten an. Das Thila beginnt in einer Tiefe von ca. 15 m und fällt über 20 m steil ab. Im Luv der Strömung tummeln sich zahllose Gelbstriemen, Fledermausfische, Napoleonfische, Stachelmakrelen und Haie. Bei schwacher Strömung ist der Platz auch für Anfänger geeignet, es sind dann aber weniger Fische da.

• **Mantapoint:** Ganz im Südwesten des Ari-Atolls, zwischen den Inseln Rangalifinolhu und Huruku Fushi liegt am südlichen Kanalrand der berühmte sogenannte Mantapoint. Bis zu zehn große Mantarochen schweben hier vorzugsweise bei auslaufendem Wasser in den Monaten Dezember bis April ein. Die Stelle ist für die Rochen allem Anschein nach nicht nur wegen des reichen Planktonangebots, sondern auch als Putzerstation interessant. In nur 9 m Tiefe am Übergang vom Riffdach zum Kanal bleiben die 3–4 m großen Tiere an einem kleinen Überhang stehen, um sich genussvoll von Hunderten von Putzerfischen die Haut säubern zu lassen.

Ins Wrack der »Maldive Victory« sollten nur erfahrene Taucher

- **Ukulhas Thila:** Anspruchsvoller ist der Manta-Treff im Norden des Ari-Atolls nordwestlich der Insel Ukulhas. Der Tauchplatz, eine Untiefe von 20 m, liegt im freien Wasser und ist sehr schwierig zu finden. Es empfiehlt sich aufgrund der exponierten Lage und gelegentlicher starker Strömungen, den Tauchgang nur bei guten Wetterverhältnissen zu unternehmen. Das Thila ist der Rest des ehemaligen Außenriffes und erstreckt sich über mehrere Hundert Meter in Südost-Nordwest-Richtung. Auch hier sind große, dachförmige Formationen von Porenkorallen als Putzerstation der Anlaufpunkt für große Mantarochen. Diese bilden die Hauptattraktion, doch bietet das Thila auch eine grandiose Unterwasserlandschaft mit ungestörtem Riffleben und vielen Haien.

- **Hammerhead Point:** Am östlichen Ausläufer des Felidu-Atolls befinden sich einige der besten Tauchplätze der Malediven – insbesondere an der Nordseite. Das Riff fällt hier meist senkrecht in dunkelblaue Tiefen ab. Etwa 8 km westlich der großen Insel Fottheyo mündet ein kleiner Kanal in das Atoll. An der Außenseite finden sich gelegentlich frühmorgens zwischen 5 und 7 Uhr große Hammerhaie ein. **50 Dinge** ㉖ › S. 15. Und wenn man viel Glück hat, stiehlt ein majestätisch dahinziehender Walhai den Hammerhaien die Show.

- **Maayafushi Thila:** Etwa 5 km nordöstlich von Maayafushi im nördlichen Ari-Atoll liegt ein für seinen Fischreichtum berühmtes Thila. Es erstreckt sich von 35 m bis auf 6 m Tiefe und kann während eines Tauchganges umschwommen werden. Hier ragt auch ein einzelner Felsturm auf, der reich bewachsen ist; an seinem Fuß leben Schwärme von Fledermausfischen, Blaustreifen-Schnappern und roten Großaugenbarschen. Im freien Wasser vor dem Felsturm kreisen gerne Grauhaie und kleine Riffhaie. Wieder am Thila angelangt, kann man sich im Flachwasser während des Sicherheitsstopps an den vielen Seeanemonen mit Clownfischen ergötzen.

Begegnung mit dem Hammerhai

Unter Wasser muss man sich per Handzeichen verständigen

Sicherheit beim Tauchen

Die Einhaltung der Sicherheitsregeln ist wegen der Strömungsverhältnisse auf den Malediven besonders wichtig. Einige allgemeine und spezielle Vorsichtsmaßnahmen dienen der Sicherheit im Wasser:

• Nicht ins Wasser gehen, wenn man sich nicht fit fühlt, oder kurz nach dem Essen.

• In jedem Fall Bescheid sagen, wann, wo und mit wem man zum Schnorcheln oder Tauchen geht.

• Nicht versuchen, über längere Zeit gegen die Strömung zu tauchen oder zu schwimmen, diese ist stärker!

• Immer gegen die Strömung abtauchen, man wird so nicht abgetrieben.

• Für den Tauchpartner stets durch Laute oder Sichtzeichen erreichbar sein.

• An der Oberfläche immer und sofort die Rettungsweste aufblasen.

Nach einem Regierungserlass ist neben den bekannten Tauchregeln für das Gerätetauchen u. a. Folgendes zu beachten:

• Das Tragen einer Rettungs- und Tarierweste ist Pflicht.

• Dekompressionstauchgänge sind nicht zulässig.

• Maximale Tauchtiefe 20 m bei Mindestausbildungsstufe Open Water Diver, Ein-Stern-Brevet oder Äquivalent.

• Maximale Tauchtiefe 30 m bei Mindestausbildungsstufe Advanced Open Water Diver, Deep Diver Special, Zwei-Sterne-Brevet oder Äquivalent.

• Pause zwischen letztem Tauchgang und Flug mindestens 24 Stunden.

Viele Urlauber haben Bedenken wegen der Haie. Typische Riffhaie bis zu 2 m Länge, wie Weißspitzenhai oder Grauer Riffhai, sind fast überall anzutreffen, Hochseehaie werden hingegen seltenst gesichtet. Binnen vier Jahrzehnten ist kein Fall einer ernsthaften Konfrontation zwischen Mensch und Hai bekannt geworden. Sollte man einem Hai begegnen, heißt es: ruhig bleiben, das Tier im Auge behalten und ohne Angst bewundern. Nach kurzem gegenseitigem Beäugen wird der Hai wieder im Blau des Ozeans verschwinden.

Schnorcheln

Mit Maske, Schnorchel und Flossen ist man gut gerüstet, um am Hausriff der Hotelinsel das bunte Treiben unter Wasser zu beobachten. In der Tauchschule kann man nach potenziellen Gefahren wie Strömungen oder Bootsverkehr fragen. Am Riffhang, besonders dort, wo die flache Insellagune plötzlich in das tiefe Wasser abbricht, ist das Riffleben am vielfältigsten. Hier wachsen die meisten Korallen, hier tummeln sich die meisten Korallenfischarten.

Doch es lohnt sich, auch öfter einen Blick ins freie Wasser zu werfen. Silbrig glänzende Schwärme von Füsilieren und Stachelmakrelen reflektieren dort das einfallende Sonnenlicht; vielleicht hat man das Glück, einen gemächlich am Riffabfall entlangziehenden Weißspitzen-Riffhai zu erspähen. Dank den strengeren Exportbestimmungen der letzten Jahre sieht man auch Schildkröten wieder häufiger. Man sollte sich jedoch nicht dazu verleiten lassen, die langsam schwimmenden und oft an den Menschen gewöhnten Tiere zu fangen oder anzufassen. Der dabei entstehende Stress kann für sie tödlich sein.

Schnorchelausrüstungen sind in jeder Tauchschule zu mieten. Brillenträger sollten sich aber in einem guten Tauchsportgeschäft zu Hause eine Maske mit Sehhilfe besorgen.

Segeln, Surfen, Paragliding

Viele Inseln bieten in den großen geschützten Lagunen mit geringem Wellengang sehr gute Segelmöglichkeiten. Segeln außerhalb umgrenzter Lagunengebiete ist Urlaubern nicht zu empfehlen, da es wegen der zahlreichen Riffe gute Ortskenntnisse erfordert.

Auf vielen Hotelinseln werden Katamarane und Surfbretter verliehen. Besonders Anfänger finden wegen der schwachen Winde (1–4 Beaufort) gute Bedingungen vor. Über Starkwindperioden kann sich der Windsurffreak nur in den Mo-

Kitesurfer im Süd-Ari-Atoll

naten Mai/Juni und oft auch im Januar/Februar freuen. Aufgepasst: Zuweilen sorgen plötzlich im Kurs liegende Korallenformationen für böse Überraschungen. Nicht zu unterschätzen sind auch die Strömungen, die den Wassersportler abtreiben können. Man sollte daher immer einen Aufpasser an den Strand setzen, der im Notfall sofort Hilfe holt.

Auf den Malediven gibt es kein organisiertes Wasserrettungswesen. Wenn ein Missgeschick mit dem Wassersportgerät geschieht, grundsätzlich beim Boot oder Board bleiben und auf Hilfe warten. Auch auf dem Wasser sollte man sich unbedingt gegen die intensive Sonneneinstrahlung schützen und zum Schutz gegen Korallen Surf- oder Turnschuhe tragen.

Zunehmend wird Wasserskifahren und Gleitschirmfliegen angeboten. Für Start und Landung beim Gleitschirmfliegen ist ein breiter Sandstrand oder gar eine Sandbank nötig, die nicht überall vorhanden sind.

Preistabelle (US-$)

• Einzeltauchgang	50–70 $
• 5 Tauchgänge	250–500 $
• 10 Tauchgänge	450–800 $
• Non-limit-Tauchen/ 6 Tage	600–800 $
• Anfängertauchkurs	400–900 $
• Fahrten mit dem Tauchboot/Trip	15–25 $
• Surfbrettverleih/Std.	20–25 $
• Windsurfkurs für Anfänger	80–250 $
• Katamaranverleih/Std.	40–80 $
• Wasserskifahren pro halbe Stunde	um 40 $
• Parasailing/30 Min.	um 80 $
• 120 Hotelinseln (Stand: August 2017)	

Die neuesten Resorts

Immer stürmischer verläuft die Entwicklung und Eröffnung neuer Inselresorts. Fast alle liegen sie im absoluten Luxussegment. Besonders in den nördlichen Atollen wird eine Insel nach der anderen erschlossen. Dagegen scheint die neue Regierung die hoffnungsvolle Entwicklung bei preiswerten Unterkünften auf Einheimischeninseln wieder bremsen zu wollen.

Nord Male

Auf der Insel Olhahali eröffnete gerade das – nach dem Pionier im Ari Atoll – zweite **LUX*** (www.luxresorts. com) mit Penthouse-Residenzen im South-Beach-Stil: Villen in Weiß und Miami-Pink, mit Dachterrassen, Marmorbädern und urbanem Feeling.

Bereits Gäste empfängt das ebenfalls kürzlich eröffnete **Grand Park Kohdhipparu** (www.parkhotelgroup. com/en/maldives), das nur 15 Minuten per Speedboot vom Velana Airport entfernt liegt und auf traditionelles Design mit Palmstrohdächern, Holz und Rattan setzt. Einige Villen besitzen ihren eigenen Infinity-Pool, in anderen blickt man vom Bettende durch ein Fenster direkt hinunter ins Wasser.

Ebenso in praktischer Flughafennähe hält sich auf der künstlich geschaffenen Insel Hulhumale das **R&B Boutique Hotel** (www.face book.com/RNBMALDIVES/) für Gäste bereit – mit zehn thematisch im Stil verschiedener Länder gestalteten Suiten, einem Restaurant, das Küche aus aller Welt serviert, plus

Fitnessklub und Spa. Vom Pool auf der Dachterrasse bietet sich ein spektakulärer Blick auf den Ozean. Ideal auch für Resortgäste geeignet, die transferbedingt eine Nacht in Male verbringen müssen.

Nördliche Atolle

Gleich zehn spannende Neueröffnungen sind hier zu vermelden, drei davon auf Inseln im Dhaalu Atoll: Das kinder- und wassersportfreundliche **Baglioni Resort Maldives** (www. baglionihotels.com) bringt mit 96 Villen italienische Eleganz auf die 40 Minuten per Wasserflugzeug von Male entfernte Insel Maagau. Besonders die Küche, international, japanisch und natürlich italienisch, soll vom Feinsten sein, mit Gemüse aus dem hoteleigenen Garten. Entspannung garantiert das Urwald-Spa.

Das kühn designte **The St. Regis Maldives Vommuli Resort** (www. starwoodhotels.com) der Luxuskette Starwood Hotels & Resorts Worldwide auf der Insel Vommuli verfügt über eine Bar in Form eines Wals, ein Spa in Form eines Hummers, eine Bibliothek in Muscheldesign und 77 spektakuläre Villen, alle mit eigenem Butler.

Das **Kandima** (www.kandima. com) auf der 3 km langen Insel Nilandhoo möchte besonders flitternde Pärchen und Familien glücklich machen und hat u. a. den mit 100 m längsten Pool der Malediven zu bieten. Kinder können in einer Meeresbiologieschule Spannendes erfahren.

Im **Mercure Maldives Kooddoo Resort** (www.mercure.com) im Gaa-

fu Alifu Atoll möchte man ein besonders gutes Preis-Leistungsverhältnis bieten. An Luxus soll es dennoch nicht fehlen: 68 Villen, darunter 43 über Wasser mit Pool, Spa, Tauchzentrum und Kinderklub.

Aufregende, konsequent auf Nachhaltigkeit setzende Architektur bietet an einem 4 km langen Strand der Insel Medhufaru im Noonu Atoll das **Soneva Jani** (www. soneva.com/soneva-jani). Ökotourismus soll hier groß geschrieben werden.

Im gleichen Atoll wurde das **Mövenpick Resort & Spa Kuredhivaru** eröffnet.

Im noch weitgehend unberührten Lhaviyani Atoll gibt es zwei Resorts, das **Hurawalhi Island Resort & Spa** (www.hurawalhi.com), das verwöhnte Pärchen mit Kreuzfahrten, Luxus-Spa und Unterwasserrestaurant locken möchte, und das **Cocoon Maldives** (www.cocoonmaldives. com) auf der wunderschönen Insel Ookolhufinolhu, dessen eleganten Villen mit Panoramafenster glänzen.

Im Baa Atoll empfängt mitten in einem UNESCO-Biosphärenreservat das **Milaidhoo Island Maldives** (www.milaidhoo.com) verwöhnte Gäste unter der Devise: Luxus, aber nachhaltig.

Den Gästen des **Four Seasons Private Island Maldives At Voavah** (www.fourseasons.com/maldivesvo avah) steht sogar exklusiv die Luxusjacht Voavah Summer zur Verfügung, um mit Mantas und Walhaien des Biosphärenreservats zu tauchen.

Unterkunft

Die meisten Maledivenurlauber buchen einen Pauschalaufenthalt auf einer der mehr als 100 Hotelinseln. Hier kann man hohe Standards erwarten, und nur hier findet der Besucher vielfältige Sport- und Wellnessangebote vor.

Auf vielen Inseln sind in den letzten Jahren neue Hotelanlagen entstanden, die die einfachen Inselresorts der früheren Jahre zunehmend ersetzen. Sie bieten allen erdenklichen Komfort, der sich natürlich im Preisgefüge widerspiegelt. Ob man unbedingt neben den schönsten Sandstränden einen Süßwasser-Swimmingpool und bei über 30 °C Außentemperatur warmes Duschwasser im Zimmer benötigt, mag jeder Besucher selbst entscheiden. Die Buchung eines Pauschalarrangements beim heimischen Veranstalter ist in jedem Fall günstiger als die Direktbuchung vor Ort. Während der Hauptsaison, zu Weihnachten und zu Ostern muss man allerdings vereinzelt mit Überbuchungen und den damit verbundenen Unannehmlichkeiten (Unterkunft in Notzimmern, Umbuchung auf andere Inseln) rechnen.

Ein wichtiges Kriterium bei der Auswahl des Inselhotels ist das Alter bzw. das Jahr der letzten Renovierung. In den vergangenen Jahren sind aber fast alle Hotelanlagen modernisiert oder gar neu gebaut worden. Seitens der Behörden wird auf die Einhaltung einer Reihe von Auflagen geachtet. So darf beispielsweise pro Insel nur eine Hotelanlage (es gibt wenige Ausnahmen) auf maximal 20 % der Grundfläche errichtet und zu diesem Zweck kein

Romantischer Sonnenuntergang im Island Hideaway auf Dhonakulhi

Baumaterial mehr aus den unmittelbar angrenzenden Hausriffen entnommen werden; zwischen den Bungalows sind Mindestabstände einzuhalten. Der Pflanzenbewuchs muss weitgehend im Naturzustand belassen oder nach dem Bau renaturiert werden; kein Bauwerk darf die Inselvegetation überragen. Wasserversorgung mit Meerwasserentsalzungsanlagen ist mittlerweile Standard, und die Kommunikationswege sind mit Mobilfunk und Internetanschluss auch im letzten Atoll auf dem neuesten Stand der Technik, ein Problem ist gelegentlich noch die Abfallbeseitigung.

Der Platznot auf vielen Inseln wird zunehmend mit dem Bau von Wasserbungalows begegnet, komfortablen Stelzenbauten inmitten der Lagune mit Stegverbindung zum Strand. Sie bieten dem Gast bei leichtem Monsunwind einen angenehmen und ruhigen Aufenthalt mit Inselblick, verstellen ihm allerdings teilweise den Meerblick.

Mehr als nur eine Insel lernt kennen, wer eine Unterkunft auf einem **Kreuzfahrtschiff** bucht. Hier ist das Angebot etwas weiter gespannt, vom einfachen umgebauten Dhoni mit Gemeinschaftsdusche/WC (selten) bis zum luxuriösen Cruiser mit geräumigen Kabinen und Suiten (etabliert sich zunehmend als Standard) wird alles geboten › **S. 26.**

Auf der Hauptinsel Male findet man mehrere **Gästehäuser** und **Mittelklasse-Hotels,** die sich mit ihrem Angebot allerdings in erster Linie an Transitreisende und Geschäftsleute wenden.

! Erst-klassig

Die schönsten Inselhotels

- Tropische Vegetation und eine Bilderbuchlagune sind die Trümpfe des **Fihalhohi Island Resort** › S. 95 im Süd-Male-Atoll.
- Das **Angaga Island Resort & Spa** › S. 100 im Ari-Atoll vermittelt mit Palmstroh gedeckten Einzelbungalows den Eindruck wohltuender Zivilisationsferne.
- Von Designerhand gestylt, stellt das neue **W Maldives** › S. 106 auf dem Inselchen Fesdu im Ari-Atoll auch Urlauber mit höchsten Ansprüchen zufrieden.
- Mit einem panoramaverglasten Unterwasserrestaurant punktet das **Conrad Maldives Rangali Island** › S. 113 im Ari-Atoll.
- Romantiker wird das **Velidhu Island Resort** › S. 116 im Nord-Ari-Atoll ansprechen. Die Wasserbungalows bieten besonders bei Sonnenuntergang zauberhafte Ausblicke.
- Mit einem zukunftsweisenden ökologischen Konzept überzeugt das **Coco Palm Dhuni Kolhu** › S. 120 auf einem paradiesischen Inselchen im Baa-Atoll.
- Das wunderbar in die tropische Natur eingebettete **Reethi Beach Resort** › S. 121 auf der Insel Fonimagoodhoo im Baa-Atoll bietet Tauchern viel Abwechslung.
- Die unkomplizierte Atmosphäre einer Barfußinsel kennzeichnet das **Filitheyo Island Resort** › S. 142 im Nilandhe-Atoll.

Tropische Früchte auf dem Obst- und Gemüsemarkt in Male

LAND & LEUTE

Steckbrief

- **Einwohner:** 417 000
- **Bevölkerungs-wachstum/Jahr:** 2 %
- **Fläche:** 115 300 km², davon ca. 300 km² Landfläche
- **Hauptstadt:** Male (ca. 150 000 Einw.)
- **Staatsreligion:** sunnitischer Islam
- **Amtssprachen:** Dhivehi, Englisch
- **Nationalfeiertag:** 3. November (Tag des Sieges über die Portugiesen)
- **Währung:** Maledivische Rufiyaa (MRf)
- **Landesvorwahl:** 0 09 60

- **Zeitzone:** MEZ + 4 Std., während der europäischen Sommerzeit + 3 Std.

Lage

Etwa 500 km vom indischen Sub-kontinent und 700 km von Sri Lanka entfernt erhebt sich im Indischen Ozean aus 2000 m Tiefe ein Unter-wassergebirge, dessen Bergspitzen die 26 Atolle der Malediven bilden. Sie erstrecken sich auf fast 800 km Länge entlang des 73. östlichen Län-gengrades bis knapp unterhalb des Äquators. Die Wasserfläche des Archipels beträgt 90 000 km², die Landfläche der 1190 Inseln nur etwa 300 km², ihre Küstenlinie ist insge-samt 650 km lang. Keine Insel erhebt sich mehr als 2 m über den Meeres-spiegel; die Größe der Eilande vari-iert von nur wenigen 100 m Durch-messer bis zu etwa 8 km Länge.

Derzeit sind neben den mittler-weile etwa 120 Hotelinseln (ständige Namensänderungen erschweren den Überblick) nur 192 Inseln von Ein-heimischen bewohnt.

Politik und Verwaltung

Seit 1965 sind die Malediven ein unabhängiger Staat, gehören dem Commonwealth sowie den Verein-ten Nationen an. Durch die Verfas-sungsänderung von 1968 wurde der Archipel eine präsidiale Republik; Staatsoberhaupt ist der Präsident, gleichzeitig Oberkommandierender der Nationalgarde sowie oberste ge-richtliche und religiöse Instanz. Der Präsident wird alle fünf Jahre vom Parlament (Majlis) nominiert und durch Volksentscheid bestätigt oder abgelehnt. 2008 bis 2012 füllte der nach einem Putschversuch zurück-getretene Mohamed Nasheed dieses Amt aus, seit November 2013 ist Abdulla Yameen Präsident. Zuvor hatten auf öffentlichen Druck hin Reformen die Zulassung mehrerer politischer Parteien durchgesetzt. Das Parlament besteht aus 48 Abge-ordneten, von denen aus jedem

Atolldistrikt und aus Male zwei gewählt und weitere acht Mitglieder vom Präsidenten bestimmt werden. Jedes der 20 Verwaltungsatolle wird von einem von der Regierung ernannten Atollbeauftragten *(Atoluveri)* verwaltet. Diesen unterstellt sind die Bürgermeister *(Kathib)* der bewohnten Inseln, deren Amt meist vererbt wird. Die neue Regierung strebt eine Dezentralisierung der Atollverwaltung an, die eine Unterteilung der Atolle in sieben Provinzen vorsieht und mit Provinzregierungen den Atollen ein größeres Mitspracherecht bei der lokalen Entwicklung einräumt.

Wirtschaft

Trotz abnehmender Bestände bleibt der Fischfang eine wichtige Säule der maledivischen Wirtschaft. Dabei liegt der Schwerpunkt neben Bonitos und Makrelen auf Thunfisch. 70 % der Fangquote – die seit Ende des letzten Jahrzehnts um ca. 30 % gesunken ist – wird in vier über die Atolle verteilten Fischfabriken weiterverarbeitet und als Konserve oder tiefgekühlt exportiert. Das Monopol des Fischexports liegt bei der staatlichen Maldives Industrial Fisheries Company (MIFCO), nur die Ausfuhr von Lebendfisch für Aquarien sowie von Seegurken und Haifischflossen ist in Hand von Privatfirmen.

Wegen der sandigen Böden spielt die Landwirtschaft eine geringe Rolle, eine Ausnahme bildet der Export von Kopra, dem getrockneten Fruchtfleisch von Kokosnüssen. Daraus wird Kokosöl gewonnen.

Kokosnussernte

Den Hauptbeitrag zum Bruttosozialprodukt leistet der Tourismus, das Hotelpersonal bilden männliche Malediver und Gastarbeiter aus Bangladesch, Indien und Sri Lanka. Der Tourismus fördert auch den Dienstleistungsbereich und das produzierende Gewerbe. Seit 2008 hat der Ausbau eines Transportsystems zur besseren Entwicklung der einzelnen Provinzen oberste Priorität.

Sprache und Schrift

Neben dem mit dem Singhalesischen verwandten Dhivehi ist Englisch Amts- und Geschäftssprache. Arabisch spielt lediglich bei der Religionsausübung eine Rolle, wird jedoch in den Koranschulen gezielt gelehrt und von der Regierung gefördert.

Als Schrift setzte sich im 18. Jh. Thaana durch, eine semitische, von rechts nach links geschriebene Schrift mit 24 Zeichen. Sie wurde 1977 in lateinische Buchstaben transkribiert. Weil man es dabei versäumte, die Orthografie zu vereinheitlichen, gibt es heute für viele Wörter unterschiedliche Schreibweisen.

Geschichte im Überblick

Um 160 n. Chr. Claudius Ptolemäus erwähnt in seinen nautischen Tabellen 1378 Inseln westlich von Taprobane (Sri Lanka), bei denen es sich vermutlich um die Malediven handelt.

Bis 1153 Singhalesen aus Sri Lanka errichten buddhistische Königreiche auf den Malediven.

1153 Beginn der Islamisierung durch den nordafrikanischen Reisenden Abu al-Barakat Yusuf al-Barbari. Beginn der Herrschaft von 88 Sultanen und vier Sultanas aus sechs Dynastien.

1517 Die Portugiesen errichten eine Handelsniederlassung in Male.

1558 Einnahme Males durch eine portugiesische Expedition. Beginn einer Periode grausamer Fremdherrschaft.

1573 Nach achtjährigem Guerillakrieg werden die Portugiesen unter Muhammad Thakurufaanu von der Insel Utheemu im Thiladunmathi-Atoll (dem späteren Sultan Muhammad Bodu Thakurufaanu) geschlagen. Beginn der 127-jährigen Herrschaft der Utheemu-Dynastie.

1645 Aufnahme diplomatischer Beziehungen zu Holland. Beginn eines 200 Jahre andauernden Tributverhältnisses.

1648–1687 Sultan Iskander I. besteigt den Thron. Er führt ein Schulsystem und die Münzprägung ein. Seine Konkubine Mariyam Kabafaanu vergiftet ihn und übernimmt die Macht, kommt aber 1691 ums Leben.

1752 Verschleppung von Sultan Imaduddin III. durch südindische Seeräuber. Die Franzosen helfen und dürfen dafür eine Garnison in Male unterhalten.

1759 Sultan Ghazi Hassan begründet die Hura-Dynastie.

1887 Abschluss des Protektoratsvertrages unter Sultan Muhammad Muinuddin II. mit den Briten.

1932 Das absolutistische Sultanat wird in eine Wahlmonarchie umgewandelt.

1934 Sultan Shamsuddin III. wird abgesetzt. Wahl des Sultans Nuruddin II.

1945 Freiwillige Abdankung von Sultan Nuruddin II. Stellvertretende Übernahme der Regierungsgeschäfte vom gewählten Nachfolger Sultan Abdul Majeed Didi durch seinen Neffen Amin Didi.

1953 Nach dem Tod von Sultan Abdul Majeed Didi 1952 Ausrufung der ersten maledivischen Republik und Wahl von Amin Didi zum Präsidenten. Bereits ein Jahr später wird er ermordet. Muhammad Farid Didi besteigt als letzter Sultan der Malediven den Thron.

1957 Die Biologen Hans Hass und Irenäus Eibl-Eibesfeldt besuchen mit der »S/Y Xarifa« die Malediven und berichten im Buch »Im Reich der 1000 Atolle« erstmals von diesem noch unerforschten Korallenparadies.

1965 Am 26. Juli werden die Malediven unabhängig und treten der UNO bei.

1968 Präsident Ibrahim Nasir proklamiert am 11. November die zweite maledivische Republik.
1972 Öffnung der Malediven für den Tourismus.
1978 Maumoon Abdul Gayoom wird zum Präsidenten gewählt (Wiederwahl 2003).
1988 Tamilische Söldner aus Sri Lanka überfallen die Malediven und töten 19 Menschen, Präsident Gayoom behält die Staatsgewalt mit Hilfe indischer Truppen.
2004 Der Tsunami in Südostasien fordert auch auf den Malediven an die 100 Todesopfer.
2006 Der neue Masterplan sieht die Erschließung von 35 weiteren Hotelinseln bis 2012 vor.

2007 In einem Verfassungsreferendum werden erstmals Parteien für die politische Willensbildung zugelassen.
2008 Bei den ersten freien Wahlen am 8. November siegt der Oppositionspolitiker Mohamed Nasheed (MDP) gegen den langjährigen Präsidenten Gayoom.
2012 Nasheed tritt nach einem Putschversuch unter ungeklärten Umständen zurück. Nachfolger wird Abdulla Yameen Abdul Gayoom.
2014 Gayooms Parteienbündnis gewinnt die Parlamentswahlen.
2016 Die Malediven sind Ehrengast der ITB Berlin.
2017 Zunehmende politische Instabilität in der Hauptstadt Male.

Entstehung eines Atolls

Die Malediven sind ein typisches Atollgebiet mit den größten Riffringen der tropischen Meere. Als Atolle (der Begriff ist vom maledivischen Wort *Atolu* abgeleitet) bezeichnet man ringförmige Korallenriffe, die eine Lagune mit kleineren Atollen umschließen.

Auch wenn die Umrisse sich, aus der Vogelperspektive betrachtet, unterscheiden, ist ihr Aufbau immer gleich: Die Inseln, meist am Außenriff oder auch in der Lagune liegend, sind überwiegend mit dichtem Kokospalmenwald und Dickicht bewachsen, umsäumt von einem weißen Sandstreifen, der sanft ins türkisfarbene seichte Wasser abfällt. Hinter einer flachen Korallenzone, dem Riffdach, senkt sich der Meeresboden in einer steilen Böschung plötzlich auf 20 bis 40 m, um dann weiter draußen am Außenriff in Stufen ozeanische Tiefen von etwa 2000 m zu erreichen. Der reichhaltigste Korallenbestand ist in 1–15 m Tiefe zu finden, in Tiefen unter 30 m nimmt er rapide ab.

Die plausibelste Theorie für die Entstehung der maledivischen Atolle lieferte der bekannte Meeresforscher Hans Hass: Demnach waren auf dem knapp unter die Meeresoberfläche reichenden Zentralindischen Rücken im

Indischen Ozean günstige Voraussetzungen (insbesondere genügend Licht) für ein reiches Korallenwachstum gegeben. Weil die Nährstoffversorgung an den Riff-Außenseiten besser ist, wachsen die Korallen hier stärker, wogegen das Zentrum des Riffs verödet und versandet. Dort bildet sich die Lagune, die je nach Atollgröße 50–80 m tief ist. Der Durchmesser der Atolle variiert stark: So bringt es das kleine Wataru-Atoll auf rund 12 km, während das Huvadu-Atoll mit seinen 80 km Durchmesser zu den größten der Erde zählt.

Von der Sandbank zur Insel

Der Ring des Atolls ist an seinem äußeren Rand, dem Außenriff, dem ständigen Ansturm des Meeres ausgesetzt. Im Laufe der Jahrtausende wird der schützende Wall an vielen Stellen durchbrochen, und es entstehen Riffkanäle *(kanduolhi),* durch die unter dem Einfluss des Gezeitenwechsels und des Monsunwindes der notwendige Wasseraustausch der Lagune erfolgt. Es gibt Atolle mit vielen Riffkanälen wie das Male- und das Ari-Atoll und solche mit nur einem einzigen Durchbruch wie das kleine Wataru-Atoll. Der Austausch mit frischem, nährstoffreichem Wasser hat die Entstehung von Korallenriffen auch im geschützten Lagunenbereich zur Folge. In ihrem Aufbau ähneln sie einem Großatoll. Man kann die Entstehung und das Versinken dieser Miniatolle *(faru)* überall beobachten.

Durch das Zusammenspiel von Wind, Wellen und Strömung entstehen Inseln: Auf flachen Riffbänken, wie man sie meist am Außenriff oder im Bereich der Faru findet, werden Korallenschutt und große Sandmengen angeschwemmt, die sich zu 1 bis 2 m hohen Sandbänken *(giri)* auftürmen können. Bei der Bildung des Korallensandes spielen neben der Erosion auch diejenigen Rifffische eine große Rolle, die sich von Korallenpolypen

Kleine Insel- und Riffterminologie

- *Atolu:* maledivisch für Atoll, das gesamte ringförmige Riffgebilde aus Inseln, Sandbänken und Kanälen
- *Faru:* bei Ebbe trocken fallendes Riff im Atollinnern
- *Giri (*auch *Gili):* knapp unter die Wasseroberfläche reichendes Riff
- *Finolhu:* lang gestreckte Sandbank meist in Außenriffnähe, kann bereits von Pionierpflanzen besetzt sein
- *Fushi:* Insel mit schon länger bestehender Vegetation am Atollrand
- *Huraa:* durch eine frühere Senkung des Meeresspiegels entstandene Insel
- *Kandu:* Kanal im Atollring, durch den der Wasseraustausch der Atolllagune mit dem offenen Meer in oft heftigen Strömungen erfolgt
- *Thila:* aus mächtigen Korallenblöcken bestehende Untiefen, meist im Bereich der Riffkanäle.

ernähren. Das beim Abzupfen der Polypen aufgenommene Kalksubstrat wird verdaut und als Sand ausgeschieden. Sehr gut kann man diesen Vorgang bei Papageifischen beobachten.

Die Größe der Inseln reicht von wenigen Quadratmetern bis zu 8 km langen Eilanden. Die Inseln der Malediven sind allesamt flach, erheben sich kaum mehr als 2 m über den Meeresspiegel und sind dadurch stark den Einflüssen von Wellen und Strömungen ausgesetzt, in jüngster Zeit auch dem durch den Klimawandel bedingten Ansteigen des Meeresspiegels.

Ansiedlung von Pflanzen

Eines Tages können auf der Sandbank mittels angeschwemmter Früchte erste Pflanzenkolonisten Fuß fassen, die in der Lage sind, mit wenig Süßwasser in einer ansonsten

Stelzwurzel einer Schraubenpalme

salzwasserhaltigen Umgebung zu überleben. Dazu gehören die Kokospalme, die meist entlang der Wasserlinie sich ansiedelnden grünen Scaevolabüsche und die Schraubenpalme mit ihren Stelzwurzeln. Im Laufe der Zeit sorgen organische Überreste für eine dünne Humusschicht, die den Nährboden für weitere Pflanzen bietet. Mit der Verfestigung der ehemaligen Sandbank ist auch die Grundlage für ein weiteres Inselwachstum gegeben, und im Inselboden kann sich, eine bestimmte Durchlässigkeit vorausgesetzt, Süßwasser halten.

Alle Inseln weisen Süßwasservorkommen von mehr oder minder guter Qualität auf – je größer die Insel, umso besser. Die Sandböden der Inseln sind in der Lage, Regenwasser in Form einer sogenannten Wasserlinse zu speichern. Dabei schwimmt das Süßwasser mit seinem geringeren spezifischen Gewicht auf dem salzigen Grundwasser. Gräbt man in genügendem Abstand vom Strand ein 1,5–2 m tiefes Loch, erhält man gutes bis akzeptables Trinkwasser. Die Qualität ist gesichert, solange nicht zu viel Wasser entnommen wird und der Sand nicht durch Abwasser, Waschmittel und Treibstoffe verunreinigt wird, was zu fauligem Geruch des Brauchwassers führt.

Landflora & -fauna

Wild- und Nutzpflanzen

Trotz des nährstoffarmen Bodens mit dünner Humusschicht gedeihen auf den Inseln etwa 250 Pflanzenarten. Am weitesten verbreitet ist die **Kokospalme,** die an diese Bedingungen hervorragend angepasst ist. Auf vielen Inseln hat sich auch die bis zu 10 m hohe **Schraubenpalme** *(Pandanus)* mit den typischen Stelzwurzeln angesiedelt. Ihre grünen Fruchtstände ähneln in Größe und Aussehen einer Ananas; sie sind im geröteten, reifen Zustand gekocht essbar. Imposante Größen erreicht der **Banyanbaum,** auch Würgefeige genannt. Vögel verbreiten seine Samen; landet ein Korn auf einem anderen Baum, entwickeln sich dort parasitäre Luftwurzeln, die den Wirt schließlich erwürgen. Die Malediver machten aus den kerzengeraden Luftwurzeln, die 15 m und länger werden können, früher Masten für ihre schnellen Segelboote, die Dhoni. In Strandnähe wuchern bis zu 3 m hohe **Scaevolabüsche** mit handgroßen, lederartigen Blättern, deren nelkenförmige weiße Blüten angenehm duften. Das Holz dieser Büsche wird als Brennholz gesammelt. Ebenfalls in Strandnähe wächst der **Dhigga** *(Hibiscus tileaceus);* seine gelb-roten Blüten fallen schnell ab und bilden einen dichten Blütenteppich unter der Pflanze. In den Vorgärten vieler Inselbewohner sieht man **Bougainvilleen** mit weißen und roten Blütenständen, **Frangipanisträucher** mit wächsernen, stark duftenden Blüten und prachtvollen roten Hibiskus.

Ein Baum als Lebensgrundlage

Mit den mageren Böden der Inseln sind nur wenige Pflanzen zufrieden. Perfekt darauf eingestellt hat sich die Kokospalme, aus der, wie Einheimische behaupten, 99 Produkte hergestellt werden. Sicher ist jedenfalls eines: Jedes Teil des bis zu 20 m hoch wachsenden Baumes wird genutzt. Pro Jahr können bis zu 80 Nüsse geerntet werden. Man unterscheidet die noch unreife *Kurumba* mit wenig, aber sehr weichem Fruchtfleisch und einem köstlichen Saft von der vollreifen *Kashi* mit ihrem äußerst ölhaltigen Kern. Das feste Fruchtfleisch der Kashi ist, geraspelt und gepresst, Bestandteil jeden Currys. Kopra, das in der Sonne getrocknete Fruchtfleisch, dient zur Herstellung von Kokosöl. Als Gefäß wird die harte innere Schale der Nuss verwendet, zerbrochene Schalenstücke verfeuert man in den offenen Kochstellen. Aus den Fasern der äußeren Schale entstehen in langwieriger Handarbeit haltbare Kokosseile. Aus gekappten Blütenständen fließt *Ra,* der zu süßem Sirup *(Diyaa Hakuru)* verdickt wird. Die Palmwedel dienen in Form von geflochtenen Matten *(Cadjan)* als Material zum Bau der Hütten. Die faserigen, elastischen Stämme werden, wenn sie auch nicht besonders lange haltbar sind, beim Bootsbau für die Beplankung verwendet.

Auf sämtlichen bewohnten Inseln findet man mächtige, Schatten spendende **Brotfruchtbäume** *(Artocarpus communis)*. Die Brotfrucht, eine kopfgroße, warzige grüne Frucht, spielt bei der Ernährung der Einheimischen eine große Rolle. Gekocht oder gebacken und in Scheiben serviert ist sie eine Delikatesse.

Eine weitere populäre Frucht ist die **Papaya,** die sich direkt am Stamm des schnell wachsenden Baumes bildet und im grünen Zustand geerntet wird. Papayablätter, Samenkörner und Baumsaft werden in der einheimischen Naturmedizin verwendet.

Brotfrucht

Mangos sind eine beliebte Köstlichkeit, Mangobäume aber wegen ihrer hohen Ansprüche an den Boden eher selten. Die kleinen, im Reifezustand sehr süßen Bananen werden als Staude mit bis zu 300 Früchten grün geerntet. Weitere Nutzpflanzen sind Feldfrüchte wie Hirse, Gartengemüse wie Paprika und Zwiebel sowie einige Knollenfrüchte, darunter Süßkartoffel, Yamswurzel und Maniok. Beliebte Zitrusfrüchte sind die kleinen Limonen, und im Süden, nahe am Äquator, gedeihen auf der Insel Fua Mulaku sogar Orangen und Ananas.

Inseltierwelt

Die geringe Größe der Inseln bietet naturgemäß nur einer begrenzten Landfauna Lebensraum. Zahlreich sind immerhin Landvögel, von denen die **Maledivische Glanzkrähe** *(Corvus splendens maledivicus)* mit ihrem lauten Geschrei die auffallendste Art ist. Ein Kuckucksvogel ist der glänzend schwarze **Koël** *(Eudynamis scolopacea)*, der sich meist frühmorgens und nach Regenfällen mit merkwürdigen Rufen aus dem Dickicht des Inselwaldes meldet. Zu den etwa 15 **Seevogelarten** zählen Möwen, Seeschwalben, Reiher und vereinzelt Fregattvögel.

Einige Tierarten wurden mit den Monsunwinden auf die Inseln verschlagen und passten sich den dortigen Bedingungen an. So hängen in manchen hohen Baumkronen kopfüber Kolonien von **Flughunden,** einer maledivischen Unterart des Indischen Flughundes *(Pteropus giganteus ariel)*. Als blinde Schiffspassagiere kamen das inzwischen verwilderte Kaninchen, die Hausratte und die Hausspitzmaus an.

Giftige Schlangen fehlen gänzlich, selten genug ist eine gelblich gefärbte kleine Würgeschlange zu beobachten, die Eidechsen erbeutet. Nach Regenfällen, wenn die Luft abkühlt, sonnen sich an Palmenstämmen die bis zu 25 cm

Schönechse

großen **Schönechsen** *(Calotes versicolor)*. Sie nehmen beim Sonnenbaden eine gelbrotblaue Färbung an, die bei Störung zu tarnendem Braun wechselt. Mit lautem Keckern macht in den Räumen der nützliche **Hausgecko** – ein eifriger Insektenvertilger – auf seine Anwesenheit aufmerksam.

Im Strandbereich im Schutz der Büsche leben die **Landeinsiedlerkrebse,** die, bei der Futtersuche gestört, schnell ihr Schneckengehäuse mit einer ihrer Scheren und einem Schreitbein verschließen. Auf den weißen Sandflächen haben sich Hunderte von **Strandkrabben** ihre Wohnhöhlen gegraben, in die sie bei Annäherung flüchten.

Viele Insektenarten der Inseln sind noch nicht erforscht worden. Unangenehm fallen nach Regenperioden oder auf feuchte Inseln die Moskitos auf, früher Überträger der Malaria, die aber heute ausgerottet ist. Auf manchen Inseln sind die nur millimetergroßen Sandfliegen heimisch, die juckende Stiche an den Beinen verursachen. Selten verirren sich kleine Skorpione und giftige Tausendfüßler in Hotels.

Geniale Baumeister der Natur

Steinkorallen haben durch Kalkausscheidungen die einmaligen Atolle und Riffe der Malediven geschaffen. Wie **Seeanemonen** und **Quallen** zum Stamm der Nesseltiere gehörend, haben sie die verschiedensten Erscheinungsformen ausgebildet.

Ihren Namen verdanken sie einem äußeren Skelett, das je nach Art eindrucksvolle Formen und Größen annehmen kann. Der einzelne Polyp der Steinkoralle ist meist nur wenige Millimeter groß und sitzt während seiner gesamten Lebenszeit in einem Kalkkelch, die Mundöffnung mit den Fangarmen ist meist nur beim nächtlichen Planktonfang zu erkennen. Die Kalkproduktion der Korallen und damit ihr Wachstum ist je nach Art, Standort und Wassertemperatur unterschiedlich. Zu den massiven und kompakten Vertretern gehören die langsam wachsenden **Porites-** und **Hirnkorallen,** wohingegen die **Geweihkorallen** stark verzweigte, baumförmige Stöcke mit großer Oberfläche bei intensivem Wachstum ausbilden. Steinkorallen leben in einer Zweckgemeinschaft mit einzelligen Grünalgen, den sog. Zooxanthellen, die den Korallenpolypen durch Fotosynthese Nährstoffe liefern. Das vorherrschende Grün und Braun der Steinkorallen entsteht durch Einlagerung dieser Algen in ihrem Gewebe. Sterben die Zooxanthellen ab, etwa infolge einer Veränderung der Wassertemperatur, bleichen die Korallen aus › **S. 66**.

Schwimmer oder Schnorchler machen manchmal unliebsame Bekanntschaft mit der ebenfalls riffbildenden **Feuerkoralle**. Die filigranen, gelbbräunlichen Kalkäste mit den weißen Spitzen sehen unscheinbar aus, haben es aber in sich. Der Kontakt mit empfindlichen Hautpartien hat ein scharfes Brennen mit Quaddelbildung zur Folge.

Besonders farbenprächtig sind die **Weichkorallen**. In strömungsreichen Kanälen können sie bis zu 50 cm hoch werden. Die Tiere besitzen kein äußeres Kalkskelett, in ihrem wassergefüllten Hohlkörper sind zur Versteifung Kalknadeln eingelagert, die man ebenso wie die relativ großen Tentakel der Polypen mit bloßem Auge gut erkennen kann.

Karneval im Riff

Geradezu unvorstellbar ist die Farbenpracht der Korallenfische. Ihre Hauptursache dürfte die Fischdichte im Riff sein, die zur Notwendigkeit geführt hat, die eigene Art bei der Fortpflanzung sicher zu erkennen und Fresskonkurrenten abzuwehren. Für den Laien ist es schwierig, den einzelnen Korallenfisch einer Familie zuzuordnen. Dennoch sollen die auffälligsten Arten hier kurz vorgestellt werden.

Schmetterlingsfische

Die bunten Falter- oder Schmetterlingsfische schwimmen oft paarweise scheinbar ziellos durch das Riff. Mit ihrer auffälligen Färbung sind sie die bekanntesten Korallenfische. Ihre Nahrung besteht aus Kleintieren, Algen und Korallenpolypen, die sie mit spitzen Mäulern von den Korallen rupfen. Einige Arten wie der **Halsband-Falterfisch** oder der **Wimpelfisch** bilden größere Gruppen von bis zu 1000 Tieren.

Kaiserfische

Zu den am auffälligsten gefärbten und gezeichneten Fischen im Riff zählen die mit den Schmetterlingsfischen verwandten Kaiserfische. Sie leben paarweise oder einzeln ausschließlich im Riff und können gegenüber Artgenossen äußerst aggressiv werden. Die Natur hat deshalb für einen wirksamen Schutz der Jungtiere gesorgt: Sie haben eine gänzlich andere Färbung und bleiben so von Übergriffen verschont.

Papageifische

Als größte natürliche Sedimentproduzenten leisten die Papageifische einen wichtigen Beitrag zur Bildung von Korallensand, sind aber damit gleichzeitig die größten Feinde der Korallen: Mit ihrem typischen schnabelförmigen Maul kratzen sie, meist von flächigen Korallen wie den Hirnkorallen, die oberste Kalkschicht samt Algen und Korallenpolypen ab. Nach Verdauung der organischen Bestandteile scheiden sie den Kalk als Sand aus; ein ausgewachsener Papageifisch produziert jährlich etwa 1 t. Während der Nacht umhüllt sich der Fisch zum Schutz vor Fressfeinden mit einer durchsichtigen Schleimhülle, die stets neu gebildet werden muss.

Doktorfische

Die farbenprächtigsten Vertreter auf den Malediven sind der blaue Weißkehl- und der blaugelbe Streifen-Doktorfisch. Beim Schnorcheln und Tauchen im freien Wasser kann man oft **Nasendoktorfische** beobachten, deren ausgewachsene Vertreter an einem kräftigen Horn auf der Stirn zu erkennen sind. Beidseitig der Schwanzwurzel sitzt bei diesen Tieren, wie bei allen Doktorfischen, ein scharfes Skalpell. Vorsicht: nicht füttern! Schwimmer und Schnorchler fühlen sich zuweilen durch die gierigen Tiere attackiert und versuchen sie mit den Händen abzuwehren. Dabei können durch die scharfen Waffen tiefe Wunden geschlagen werden.

Lippfische

Die bevorzugten Beutetiere dieser artenreichen Familie sind Schnecken, Würmer und kleine Krebse. Wenn man einen abgestorbenen Korallenbrocken herumdreht, stellen sich sofort die farbenprächtigen **Meerjunker** ein, um einen Happen zu erhaschen. Ein für die Gesundheit der Riffbewohner wichtiger Lippfisch ist der kleine, blau-weiß gestreifte **Putzerfisch**. An seiner Putzstation befreit er Haut, Schuppen und Kiemen der zumeist größeren Gäste von Parasiten und abgestorbenem Gewebe. Zu den Lippfischen gehört auch der bis zu 2,5 m große Napoleonfisch mit seiner bei ausgewachsenen Tieren stark vorgewölbten Stirn.

Skorpionfische

Die bis zu 35 cm großen Tiere können ihre fransenartigen Hautfortsätze in Kontrast und Farbe perfekt an den Untergrund anpassen. Bewegungslos am Boden liegend, warten sie, bis ein Beutetier in die Nähe ihres großen Maules schwimmt, um es in Bruchteilen von Sekunden einzusaugen. Die gleiche Fangtechnik benutzen die **Steinfische** und, etwas abgewandelt, die **Rotfeuerfische**. Mit ihren fahnenähnlichen Brustflossen treiben sie sich ihre Opfer vor das Maul. Allen Skorpionfischen gemeinsam sind die mit Giftdrüsen verbundenen Strahlen der Rückenflosse. Wenn auch niemand absichtlich diese Fische anfassen wird – eine unfreiwillige Kontaktaufnahme ist beim

Doktorfisch

Napoleonfisch

Geistermuräne

Papageifisch

Skorpionfisch

Trompetenfisch

Waten durch das flache Wasser im Bereich von Korallenschutt mit unge-schützten Füßen möglich. Am besten ist es daher, im Wasser sofort zu schwimmen und sich nirgendwo festzuhalten.

Muränen

Bis zu 2 m lang und extrem beweglich, hält die Muräne sich tagsüber in Nischen und Höhlen versteckt, nur der Kopf schaut heraus. Erst nach Ein-bruch der Dämmerung stellt sie ihren bevorzugten Beutetieren, Fischen und Kraken, nach. Zu Unrecht wird sie als aggressiv bezeichnet, ihr andauerndes Maulaufreißen dient lediglich der Sauerstoffversorgung. Taucher sollten dennoch auf Distanz bleiben – wenn es sich angegriffen fühlt, verteidigt das Tier sein Heim ohne weitere Warnung. Auch Muränen lassen ihre schuppen-lose, von einer dicken Schleimschicht bedeckte Haut gerne von Putzerfischen und -garnelen säubern.

Trompetenfische

Die Natur hat ihnen eine außergewöhnliche Körperform mitgegeben. Ihre lang gestreckte Gestalt macht sie relativ unauffällig. Als Überraschungsräuber halten sie sich gerne zwischen den Korallenästen auf oder benutzen einen gleich gefärbten Friedfisch als Deckung: Sie schwimmen dicht an dessen Rückenflosse mit, um aus dem Hinterhalt ihre kleinen Opfer zu verschlingen.

Igel- und Kugelfische

Den skurrilen Igel- und Kugelfischen erlaubt ihr unförmiger Körper keine schnelle Flucht. Bei Gefahr blähen sie sich daher mit Wasser zu imponieren-der Größe auf. Der Igelfisch spreizt dabei zusätzlich Stacheln ab. Man sollte diese Tiere niemals an die Oberfläche bringen: Durch Luftschlucken wer-den sie zur lebenden Boje und sind dann in der Sonne zum Tode verurteilt. Vorsicht: Igel- und Kugelfische können mit ihren starken Gebissplatten un-vorsichtigen Tauchern eine Fingerkuppe abzwicken oder gar den Finger-knochen durchbeißen, was leider immer wieder vorkommt.

Soldaten- und Husarenfische

Diese Art bevorzugt einzeln oder in Gruppen lichtgeschützte Überhänge und Höhlen. Sie sind rot gefärbt und kommunizieren wie viele andere Fische über Geräusche. Oft findet man unter Überhängen Husarenfischschwärme, die komplett auf dem Rücken schwimmen: Sie orientieren sich an der maxi-malen Helligkeit, also dem von unten hell reflektierenden Sandboden.

Zackenbarsche

Sie halten sich in Höhlen auf oder lauern vor dem Riff. Ihr Erkennungsmerk-mal ist der deutlich vorstehende Unterkiefer. Im Riff sind der **Juwelenzacken-barsch** und der **Pfauenzackenbarsch** zu beobachten, die eine prächtige Färbung aufweisen. Im freien Wasser steht meist der bis zu 1 m große, je nach Alter schwarz-gelb oder rot-weiß gefärbte Sattel-Forellenbarsch.

Haie

Haien begegnet man auf den Malediven bei fast jeder Unterwassertour. Meist handelt es sich dabei um die schlanken und neugierigen Weiß-spitzen-Riffhaie, die selten größer als 1,5 m werden. Sie suchen nachts mit ihrem schmalen Kopf in Spalten nach schlafenden Fischen. Der **Graue Riffhai** dagegen jagt auch im freien Wasser nach Makrelen und Schnappern. Für den Menschen sind die Haie auf den Malediven unge-fährlich. Selten sind Begegnungen mit **Hammerhai**, **Tigerhai**, **Makohai** und **Weißspitzen-Hochseehai**; als Hochseeräuber kommen sie, wenn überhaupt, nur zufällig in Küsten-nähe. Ein relativ häufig anzutreffen-der Gast dagegen ist ein Gigant des Meeres: der bis zu 14 m lange **Wal-hai**. Den friedlichen Planktonfresser zu beobachten, gehört zu den Stern-stunden eines jeden Tauchers › **S. 64**. **50 Dinge ㉖** › **S. 15**.

Rochen

An je nach Jahreszeit unterschied-lichen, planktonreichen Stellen fin-den sich Gruppen von Mantas ein. Mit ihren Kopflappen lenken sie das Plankton zum riesigen Maul, oder sie lassen sich von den Putzerfi-schen behandeln. Ohne Scheu zie-hen sie an Tauchern vorbei, doch mögen sie keine Berührungen und lieben es nicht, von den Luftblasen der Taucher gekitzelt zu werden.

! Erst-klassig

Die besten Bücher und Bildbände

- **Riffführer Indischer Ozean** (Helmut Debelius; Kosmos, 2007). Fische und Wirbellose werden in brillanten, detailreichen Auf-nahmen vorgestellt.
- **Korallenführer Indopazifik** (Harry Erhardt, Daniel Knop; Kosmos, 2005). Von der Zeitschrift »Tauchen« herausgegebenes Bestimmungsbuch.
- **Malediven** (Michael Friedel; MM – Photodrucke 2013). Wunderschöne Aufnahmen des Malediven-Pioniers.
- **Reise auf die Malediven: Kul-turkompass fürs Handgepäck** (Hg. Françoise Hauser; Unions-verlag 2010). Sehr lesenswerte Essays verschiedener Autoren
- **Lesereise Malediven: Der Trompetenfisch in der Lagune** (Stefanie Bisping; Picus 2011). Vergnüglich zu lesende Reise-artikel.
- **Die Malediven. Paradies im Indischen Ozean** (Irenäus Eibl-Eibesfeldt; Piper 1991). Der berühmte Verhaltensforscher berichtet von seinen pionier-haften Taucherlebnissen in den 1950er-Jahren.
- **Die Malediven – Das Paradies im Indischen Ozean I** (Poster-buch DIN A3 quer; Calvendo 2013). Spiralgebundener Wand-kalender mit großartigen Fotos und Texten.

Bevorzugter Aufenthaltsort mehrerer Arten von **Stachelrochen** ist der Sandgrund, wo sie nach Schnecken und Muscheln wühlen. Man sollte nie knapp über einen Rochen hinweg schwimmen: Unvorsichtige Opfer machen Bekanntschaft mit dem gezackten Giftstachel auf dem langen, peitschenähnlichen Schwanz! Im freien Wasser kann man beobachten, wie der elegante **Adlerrochen** fast ohne Schlag seiner Flügel auch gegen die stärkste Strömung steht.

Röhrenaale

schauen in mehrere hundert Tiere umfassenden Kolonien mit etwa einem Drittel ihres Körpers aus ihrer Wohnröhre im Sandgrund heraus, um im vorbeiströmenden Wasser nach Plankton zu schnappen. Bei Störung ziehen sie sich gänzlich zurück, um danach wie durch Zauberei als lebender Teppich wieder aus dem Boden zu wachsen.

Wirbellose Tiere

An der Biomasse des Riffs sind die vielen **Schwämme** stark beteiligt. Die primitiven, vielzelligen Tiere bilden flächige Krusten, Röhren- oder Becherformen. Schwämme ernähren sich durch Filtrieren des Wassers, das durch ein Porensystem geleitet wird.

An den flächigen Hirnkorallen ragen viele bunt gefärbte, etwa 2 cm große Spiralfächer auf, die bei Annäherung oder Berührung blitzschnell in ihrer dornenbewehrten Wohnhöhle verschwinden: Es handelt sich um die nach Plankton fischende Mundöffnung eines **Röhrenwurms.**

Bei Dämmerung und in der Nacht kommen aus den Spalten eigenartige, oft bunte Federbüschel hervor und krallen sich an erhöhten Punkten fest: Die **Haarsterne,** mit den Seesternen verwandt, nutzen die Deckung der Nacht, um mit ihrem weit aufgespannten Federfächer Plankton aus dem Wasser zu filtern.

In kleinen Höhlen oder Nischen findet man durch das Wasser schwebende, fast durchsichtige **Garnelen** oder gar eine auf dem Kopf einer Muräne herumlaufende bunte **Putzergarnele.** In den Senken zwischen den Korallen liegen Schneckengehäuse jeder Art und Größe – von den ursprünglichen Bewohnern verlassen –, doch meist in Besitz genommen von bunten **Einsiedlerkrebsen.** Die 6–15 cm langen **Nacktkiemer** oder **Nacktschnecken** werden trotz ihrer Körperzeichnung und Farbenpracht gerne übersehen. Sie tragen ihre Kiemen als Büschel auf der Körperoberseite. Zwischen den Korallen erkennt man die bis zu 50 cm großen, bunt gezeichneten Öffnungen der **Mördermuschel,** wie sie ungerechterweise genannt wird.

Zu den Mollusken zählt ebenfalls der **Krake,** auch Oktopus genannt. Diese Tintenfische können sich in Körperform, Oberfläche und Farbe hervorragend an den Untergrund anpassen. Nur ihre vorsichtige, kriechende Bewegungsweise verrät sie dem aufmerksamen Beobachter.

Roter Schwamm

Putzergarnele

Haarsterne

Einsiedlerkrebs

Roter Krake

Pracht-Sternschnecke

Requiem für den Hai

Vor 400 Mio. Jahren haben die Haie begonnen, die Meere unserer Erde zu erobern. Erdgeschichtlich sogar älter als die Saurier, hat sich ihr Bauplan in dieser Zeit kaum verändert. Und doch scheint nun die letzte Stunde der Meeresräuber geschlagen zu haben.

Gefahr im Verzug

Nein, nicht vom Hai! Aber der Mensch ist dabei, viele Haiarten auszulöschen. Jährlich werden über 100 Mio. Haie gefangen – als unerwünschter Beifang in der Netzfischerei, als Lieferant für Haifischflossensuppe, zur Produktion von Haiknorpelpräparaten für die Pharmaindustrie oder zur Verwendung als Futtermittel. Immensen Schaden richtet der massenhafte Fang zur Gewinnung der im ostasiatischen Raum begehrten Haiflossen an: Beim sog. Finning werden den Hai-en die Flossen bei lebendigem Leib abgetrennt. Dadurch schwimmunfähig sinkt das Tier auf den Meeresgrund und stirbt. Demgegenüber enden pro Jahr weltweit nur etwa zehn Angriffe von Haien für den Menschen tödlich. Es drängt sich die Frage auf, wer der größere Räuber ist …

Hoch spezialisierte Jäger

Haie sind Wirbeltiere, besitzen allerdings statt Knochen ein leichteres und elastisches Knorpelskelett. Mit diesem natürlichen Auftrieb können sie auf eine Schwimmblase verzichten und sind so beweglicher.

Das Maul mit den drohenden Zahnreihen ist eine wundersame Konstruktion. Haizähne sind Serienteile: In verschiedenen Entwicklungsstufen sind sie in mehreren Reihen hintereinander angeordnet. Um mit dem bauchseitigen Maul überhaupt zubeißen zu können, ist der geteilte Oberkiefer frei beweglich und sehr elastisch mit dem Unterkiefer verbunden. Beim Angriff wird die Nase und somit die obere Zahnreihe angehoben, das unterständige Maul klappt nach unten.

Doch die beste Anpassung für den Hai an den dreidimensionalen Raum des Meeres hat die Natur mit seinen ausgefeilten Sinnesorganen geleistet. Feine Grübchen um die Schnauze, die Lorenzinischen Ampullen, vermögen schwächste elektrische Felder, ausgestrahlt von jedem Lebewesen, aufzuspüren. Mit ihnen kann der Hai sogar im Dunkeln jagen und sich bei seinen Wanderungen orientieren.

Mit seinem erstaunlichen Gehörsinn, dem Seitenlinienorgan, kann der Räuber das Zappeln von Fischen über weite Distanzen wahrnehmen. Findet der Hai eine noch so kleine Duftspur unter Wasser, kann er die Quelle mit seinem hoch entwickelten Riechorgan leicht aufspüren.

Mit seiner perfekten Ausrüstung hat der Hai als Beutejäger über Jahrmillionen zum ökologischen Gleichgewicht der Meere beigetragen – und nur wenige Jahrzehnte der Verfolgung durch den Menschen haben gereicht, diese Balance nachhaltig zu stören.

Maßnahmen zum Schutz der Haie

Haie stehen an oberster Stelle der Nahrungskette. Werden sie extensiv bejagt, hat dies gravierende Auswirkungen auf die Zusammensetzung des marinen Ökosystems. Die Malediven haben die negativen Folgen des kommerziellen Haifanges erkannt und diesen seit März 2009 als weltweit erstes Land gänzlich eingestellt. Urlauber können zum Schutz der Haie beitragen, indem sie

- keine Angelausflüge buchen, bei denen Haie gefangen werden oder die Gefahr besteht, solche aus Versehen zu fangen (Ammenhaie beim Nachtfischen).
- als Taucher nicht an Haifütterungen teilnehmen.
- bekannte Haiplätze nur beschränkt aufsuchen – die andauernde Störung der Tiere an ihren Stammplätzen veranlasst diese, abzuwandern oder Fehlverhalten zu entwickeln.
- verstärkt Rücksicht auf die Kinderstube der Haie in Riff und Lagune nehmen und keine Korallen zerstören.
- keine Haisteaks, Schillerlocken oder Haifischflossensuppe verzehren und dem Restaurant- oder Ladenbesitzer mitteilen, warum sie sein Geschäft meiden.
- Organisationen unterstützen, die sich dem Schutz der Haie verschrieben haben.

Informationsquellen
- Detaillierte Infos über Haie und Maßnahmen zu ihrem Schutz findet man auf den Internetseiten www.hai.ch, www.sharkproject.org und www.sharksavers.org
- Interessierten ist die Filmdokumentation »Die Welt der Haie« (BBC Earth, 2016, 200 Minuten) sehr zu empfehlen.

Bedrohtes Paradies

Seit einigen Jahren stehen die genialen Baumeister der Riffe, die Korallenpolypen der Steinkorallen, weltweit unter Stress.

Im Frühsommer 1998 und erneut 2016 stieg im Indischen Ozean, wahrscheinlich in Verbindung mit einer zyklisch auftretenden Veränderung der
Passatwinde, dem Klimaphänomen El Niño, die Wassertemperatur in den
Oberflächenschichten von 28 °C auf bis zu 33 °C an. Bis zu 80 % der Korallenriffe im Bereich der maledivischen Atolle wurden davon in Mitleiden-
schaft gezogen. Vor allem die Flachwasserriffe in bis zu 20 m Tiefe, besonders ausgeprägt im Bereich des lange stehenden und damit warmen
Lagunenwassers im Atollinnern, erlitten nachhaltige Schäden. »Bleich wie
der Tod« trifft hier den Nagel auf den Kopf, denn das flächendeckende Da-
hinscheiden der einstmals bunten Korallenstöcke wurde durch eine weiße
Verfärbung der Polypenkolonien erkennbar. Verursacht wird dieses Ausblei-
chen durch das massenhafte Ausscheiden farbgebender Zooxanthellen, mit
den Korallenpolypen in Symbiose lebender einzelliger Algen.

Ohne diese eingelagerten Algenhelfer sind die Korallenpolypen aber gar
nicht lebensfähig. Mit mehreren Millionen Zellen je Quadratzentimeter
Polypengewebe in großer Dichte angesiedelt, erzeugen sie mittels der
Photosynthese wichtige Nährstoffe, die zum größten Teil ihrem Wirt, den
Korallenpolypen, zugutekommen. Dazu erhalten sie im Austausch von ihren
Gastgebern abgeschiedenes Kohlendioxid sowie Stickstoff- und Phosphor-

SEITENBLICK

Schreckensszenario

Die nur 2 m über dem Meeresspiegel liegenden Inseln sind durch die zunehmende Erderwärmung aufs Höchste gefährdet. Ein Anstieg des Meeresspiegels von
nur 20 cm würde sich bereits gravierend auf Verlauf und Stärke der Meeresströmungen in den Atollen auswirken, eine Erhöhung um 50 cm würde für den
größten Teil der Inseln den Untergang bedeuten. Wer weiß, wie empfindlich
die Sandstrände auf die wechselnden Strömungen der Monsunzeiten mit Um-
schichtungen und Verlagerungen reagieren, der kann sich vorstellen, welche
katastrophalen Folgen ein höherer Wasserstand für die Malediven hätte: Sandstrände und Inselvegetation würden fortgespült, der abgetragene Sand die
Korallen ersticken und damit die Riffe – den einzigen Schutz der Inseln – ver-
nichten. Die Inseln wären ungeschützt dem Ansturm der Wellen und Strömungen
ausgesetzt. Der Tsunami im Dezember 2004 hat die Gefahr für die fragilen Inseln
deutlich vor Augen geführt: Drei Eilande, alle kleiner als 2500 m², hat die Flut-
welle verschlungen.

verbindungen. Mit dieser perfekt funktionierenden Arbeitsteilung übernehmen die Algen aber eine wichtige Rolle bei der arttypischen Bildung der Korallenskelette. Diese Symbiose hat über Jahrmillionen funktioniert, wie die intakten Korallenriffe der Weltmeere beweisen. Seit einigen Jahren werden aber zunehmend Ausbleichungen von Korallenriffen beobachtet. Nicht nur erhöhte Wassertemperaturen, auch andere Veränderungen der Umweltbedingungen wie erhöhte UV-Strahlung und Wasserverschmutzung veranlassen die Algen, statt der bewährten Nährsuppe Giftstoffe zu erzeugen. In Reaktion darauf scheidet der Polypenkörper die Algen aus, die Koralle bleicht aus und verendet nach kurzer Zeit.

In den letzten Jahren bekamen die Riffe eine Atempause und sind auf dem Wege, sich zu erholen. Wo die Bedingungen vorteilhaft sind – was besonders an der Außenriffen der Fall ist –, zeigen sich wieder wachsende Korallenstöcke. Damit dürften sich auch die typischen riffbewohnenden Fischarten wieder einstellen.

Was man in den letzten Jahren beobachten konnte, ist nur eine Momentaufnahme in einer Phase der Neuordnung. Auch wenn im Laufe der Erdgeschichte ganz natürlich vielerorts Korallenriffe entstanden und auch wieder vergingen – die jüngsten Stressreaktionen der Riffe sind sicher auf Einflüsse des Menschen auf die Natur zurückzuführen.

Gedanken zur Ökologie

Es lohnt sich, die eigene Urlaubsinsel einmal genauer anzusehen. Das umgebende flache Korallenriff schützt sie vor dem Ansturm von Wellen und Strömung. Manchmal wurden jedoch Korallenblöcke zum Bau der Bungalows verwendet (heute verboten) und für die Bootsanlegestellen Schneisen durch das Riff geschlagen. Oder eine Abwasserleitung entleert ihre schädliche Fracht direkt in die empfindliche Welt der Korallen. Die Folgen: Wellen dringen ungehindert zum Ufer vor und tragen ganze Strandabschnitte ab. Die Korallenpolypen ersticken am feinen Sand, der durch die Schneisen den Riffabhang hinabrieseln kann, und die Abwässer belasten das Meerwasser – im Riff setzt Algenwachstum ein und lässt die Korallenkolonien absterben.

Ein weiteres Problem ist die Abfallentsorgung. Wird der Müll nämlich verbrannt oder vergraben, so beeinträchtigen verbleibende Schadstoffe das Süßwasser im Inselboden. Als Urlauber wird man davon zunächst nichts bemerken, man benutzt ja entsalztes Meerwasser. Dennoch gibt es einen Leidtragenden, nämlich die Vegetation der – noch – grünen Insel. Im Übrigen belasten auch die Meerwasserentsalzungsanlagen das ökologische Gleichgewicht: Sie verbrauchen viel Energie, die umweltschädliche Dieselgeneratoren liefern. Und wer sich fragt, wohin der Müll aus Male mit seinen ca. 150 000 Bewohnern gelangt, wird angesichts der berüchtigten Abfallinsel Thilafushi schockiert sein – die tickende Zeitbombe liegt keine 10 km von Male entfernt.

Auf einer intakten Insel schützen und nähren herabgefallene Blätter die Humusschicht. Auf manchen Hotelinseln kehrt man aber aus optischen Gründen täglich. Die Humusschicht wird abgeschwemmt, das Meerwasser zusätzlich mit Nährstoffen belastet. Auch die Wünsche der Urlauber haben Auswirkungen auf das fragile Ökosystem. Die Abscheu der Gäste vor Ungeziefer lässt die Malediver häufig zur chemischen Keule greifen: Die eingesetzten Gifte dezimieren jedoch auch andere Insekten, was wiederum die Tiere bedroht, denen diese als Nahrung dienen – ein vernichtender Teufelskreis. Schätzungen zufolge gelangen durch die jährlich rund 900 000 Touristen auch etwa 70 m³ Sonnenschutzmittel ins Meerwasser, ganz zu schweigen von den zurückgelassenen Tuben und Flaschen aus langlebigem Kunststoff.

Beim Tauchen und Schnorcheln können Korallenstöcke unbeabsichtigt mit Flosse oder Hand zerbrochen werden – eine blumenkohlgroße Steinkoralle braucht aber zehn Jahre, bis sie diese Größe erreicht hat.

Auf den Inseln selbst hat man mittlerweile die Fragilität und Schutzbedürftigkeit des Ökosystems Malediven erkannt. Viele Hotelinseln und Tauchbasen haben sich daher der von Privatleuten getragenen Initiative »Protect the Maldives«, kurz PTM genannt, angeschlossen. PTM hat es sich zum Ziel gesetzt, auch beim Urlauber das Verständnis für die besonderen Probleme der Malediven zu fördern. In den beteiligten Resorts liegen entsprechende Broschüren aus, weitere Informationen findet man unter www.protectthemaldives.de.

Die Menschen

Wenn auch die Frühgeschichte der maledivischen Inselwelt weitgehend im Dunkel liegt, so weisen doch archäologische Relikte von Sonnenkult, Hinduismus und Buddhismus sowie Sprache und Tänze auf mehrere Ursprünge hin.

Die Malediven waren in früherer Zeit kein isoliertes Inselreich, wie man aufgrund der geografischen Lage glauben könnte. Durch die intensiven Handelsbeziehungen mit Arabien, Indonesien und Afrika haben diverse Völker dort ihre Spuren hinterlassen.

Die maledivische Gesellschaft

In den Namen vieler Malediver spiegelt sich noch heute eine vielschichtige Hierarchie aus der Zeit der Sultane wider. Nachkommen dieser früheren Oberschicht tragen zusätzlich zu ihren muslimischen Namen Titel wie Maniku, Didi und Fulu, also beispielsweise Hassan Maniku.

Seit dem Ende des Sultanats sind die Rangordnungen weitgehend verschwunden, die Namen jedoch geblieben. Heute ist, wie in den westlichen Ländern, der wirtschaftliche Erfolg für den sozialen Status entscheidend. Ein hoher gesellschaftlicher Rang wird durch Besitz erreicht, weniger durch Herkunft, Geburt oder Ausbildung.

Dass die Malediven dennoch statistisch zu den ärmsten Ländern der Welt zählen, liegt an der auf den Inseln immer noch vorherrschenden Subsistenzwirtschaft, die zum Bruttosozialprodukt nichts beiträgt. Dass man sein Auskommen aus dem Meer und vom eigenen Stück

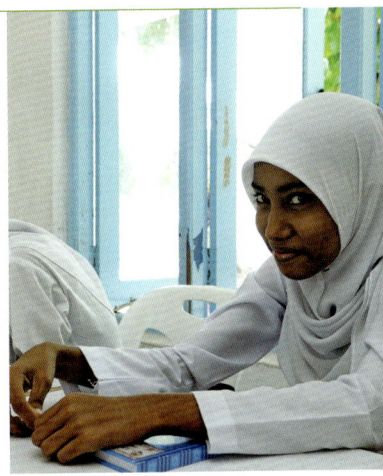

Maledivische Schülerin beim Islamunterricht

Land bezieht, garantiert aber andererseits, dass niemand wirklich Not leiden muss. Zudem sind die Familienbande sehr stark ausgeprägt. Alte Menschen und Bedürftige sind in der Solidargemeinschaft der Großfamilie geborgen. Die Durchschnittsfamilie hat, gemäß dem islamischen Familienverständnis und der traditionellen Art der Altersversorgung, fünf Kinder.

Islam als Staatsreligion

Staatsbürgerschaft und Bekenntnis zum sunnitischen Islam gehören in der Inselrepublik untrennbar zusammen. Gesetzestreues Leben und Verhalten eines gläubigen Muslims richten sich nach dem Kodex der Scharia, einer Auslegung der Lehren des Korans zur praktischen Anwendung in der islamischen Gesellschaft. Bei Gesetzesübertretungen werden auf den Malediven keine drakonischen Strafen mehr ausgesprochen. Vielmehr treffen den Täter die Schande einer öffentlichen, meist symbolischen Züchtigung sowie Hausarrest oder Verbannung auf entfernte Inseldörfer. Letztere isoliert ihn zwar von seinem Familienklan, gibt ihm aber auch die Möglichkeit, in einem fremden Dorf neu anzufangen – Resozialisierung auf Maledivisch.

Auch das tägliche Leben wird durch den Islam geprägt. Seine fünf Hauptgebote sind das laute Glaubensbekenntnis »La ilaha illa Allah, Muhammad rasul Allah« (»Es gibt keinen Gott außer Gott, und Mohammed ist sein Prophet«), das Gebet (fünfmal täglich, nämlich morgens, mittags, nachmittags, bei Sonnenuntergang und in der Nacht), die Almosengabe, das Fasten während des Ramadan und eine Pilgerfahrt in die heilige Stadt Mekka.

Leben auf den Fischerinseln

Selbst auf größeren Inseln gibt es nur eine einzige Siedlung, in der 100 bis 5000 Menschen im Schatten von Kokospalmen und Brotfruchtbäumen leben, Insel- und Dorfname sind identisch. Die rechtwinklig angelegten, unbefestigten Wege und Straßen werden von den Frauen peinlich sauber gehalten. Persönlicher Grundbesitz ist unbekannt, jede Familie bekommt von der Regierung ein Areal zugeteilt, das zum Nachbarn hin oft durch eine niedrige Mauer abgeteilt ist. Für landwirtschaftlich genutzte Inseln muss allerdings Pacht gezahlt werden.

Die Wohnhäuser aus Korallenbruch sind ebenerdig und mit Wellblech gedeckt, die Räume dunkel und stickig, die Fenster meist glaslos und die Holztüren geöffnet. Man schläft auf flachen Holzpritschen oder gemauerten Sockeln, oft dient nur eine Matte als harte Unterlage. In einer Nebenhütte kochen die Frauen auf einer offenen Herdstelle.

Zu fast allen Häusern gehört ein zementierter Brunnen. Als Toiletten dienen häufig bestimmte Stellen des Strandes, wo Gezeiten und marine Lebewesen die umweltgerechte Entsorgung übernehmen.

Wer ein Inseldorf besucht, wird nur wenige Männer sehen; die meisten verdienen ihren Lebensunterhalt im Tourismus oder in der Hauptstadt Male. Die im Dorf verbliebenen Männer sind Fischer *(Masveri)* oder Bootsbauer *(Maavadi)*, manche stellen auch Palmprodukte her *(Raveri)*. Die Frauen führen den Haushalt, versorgen die Kinder, drehen Kokosseile und flechten Bastmatten. Jedes Dorf versorgt sich weitgehend selbst, Grundnahrungsmittel wie Reis und Mehl werden in Male erworben und zusammen mit Zigaretten, Toilettenartikeln und Kleidung im örtlichen Krämerladen *(Fihaara)* angeboten.

Gerichtsbarkeit und Schulsystem

Der dörflichen Inselgemeinschaft steht der Bürgermeister *(Kathib)* vor, der wiederum dem vom Präsidenten ernannten Atollbeauftragten *(Atoluveri)* untersteht. Über kleinere Rechtsverstöße entscheidet der Magistrat, eine Art Inselgericht, über religiöse Angelegenheiten der islamische Richter *(Ghazi)*. Größere Vergehen werden an den Atollgerichten bzw. vor dem Obersten Gericht der Hauptstadt Male verhandelt.

In den meisten Dörfern gehen die Vorschulkinder in Koranschulen, wo sie die Suren des Koran, die Landessprache Dhivehi sowie die Grundbegriffe der arabischen Schrift und Rechnen lernen. Auf allen Inseln gibt es inzwischen staatliche Grundschulen mit hohem Standard insbesondere bei der Sprachausbildung. Schulpflicht besteht ab dem sechsten Lebensjahr für sieben Jahre. Weiterführende Schulen wie die Atoll Education Centers wurden mittlerweile in allen Atollen eingerichtet. In Male gibt es ein breites Schulangebot, junge Malediver werden hier auch in handwerklichen Berufen und im Hotelfach ausgebildet. Der Alphabetisierungsgrad der Bevölkerung liegt bei über 98 %.

Kunst & Kultur

Kunsthandwerk

Beim Rundgang durch Male findet man im Bereich der alten Moschee Hukuru Miskiiy und auch auf manchen Inselfriedhöfen kunstvoll behauene Grabsteine aus Korallenkalk mit arabischen Schriftzeichen; die einstmals hoch entwickelte Steinmetzkunst ist aber in Vergessenheit geraten. Dagegen erlebt die Anfertigung von verzierten Lackdosen und -schalen nach alten Vorbildern durch den Tourismus eine Renaissance. Schwerpunkt der Herstellung ist die Insel Thuladhoo im Baa-Atoll. Die rot und schwarz lackierten, fein ziselierten Behälter aus dem Holz des Brotfruchtbaums werden in Male angeboten. Die Inseln des Dhaalu-Atolls sind bekannt für die dort heimische, früher hoch entwickelte Gold- und Silberschmiedekunst. Auch die Webkunst war einst weit verbreitet. Doch nur noch selten und meist bei alten Frauen sieht man heute den weißen Baumwollsarong *(Feyli)*. Vom handwerklichen Geschick der Malediver zeugen weiterhin geflochtene Matten aus getrockneten Schilfgräsern und gesplissenen Kokosblättern mit abstrakten Mustern in Naturfarben.

Schiffsbau

Die Abhängigkeit vom Meer und seinen Gaben hat eine hoch entwickelte Bootsbaukunst hervorgebracht. Das typische Boot der Malediven ist das schnelle *Dhoni,* 12–15 m lang. Seine Spanten bestehen aus einheimischen Harthölzern, die Planken aus Palmholz. Dhoni haben geringen Tiefgang und sind mit einem Lateinersegel besetzt. Die Baupläne existieren nur in den Köpfen der *Maavadi,* der Bootsbauer. Rund zwei Monate benötigen fünf Zimmermannsleute, um mit den einfachen traditionellen Werkzeugen Axt, Stechbeitel und Handbohrer ein Fischerboot von 12 m Länge herzustellen.

Heute haben die meisten Dhoni japanische Dieselmotoren und verwenden, wenn überhaupt, das riesige Baumwolltuch nur als Stützbesegelung bei langen Schlägen und aufgewühlter See.

Ein Dhoni, das traditionelle Transportmittel der Malediven

Früher verkehrten zwischen den Atollen oder zum Festland auch größere Bootstypen, *Bathelli* und *Odi*. Letztere wurden für den Warentransport nach Sri Lanka und Indien und sogar für die Pilgerfahrt nach Mekka eingesetzt. Als langsame, schwerfällige Lastensegler von 15–30 m Länge waren sie in Zeitplan und Route abhängig vom Monsunwind. Mit dem Einzug der modernen Schifffahrt haben die Odi ihre Bedeutung als Ferntransportmittel verloren. Nur noch selten kann man heutzutage ein Odi oder Bathelli unter Segeln sichten, noch am ehesten motorisiert im innermaledivischen Verkehr oder im Hafen von Male.

Schon vor dem Einsetzen des Fremdenverkehrs unterhielten die Malediven eine nationale Schifffahrtslinie mit Frachtschiffen, die den Warenaustausch mit Sri Lanka und Singapur abwickelte. Der wachsende Bedarf für den Tourismus hat dem Schiffsbau jedoch nach und nach einen Boom beschert. Auf vielen Inseln haben sich kleine Werften etabliert, die zunehmend modern ausgestattete, bis zu 35 m lange Holzschiffe bauen. Fast alle Tauchkreuzfahrtschiffe sind inzwischen maledivischen Ursprungs; ihr Standard genügt auch höheren Ansprüchen.

Musik und Tanz

Kein Tanz ist auf den Inseln so bekannt wie der *Bodu Beru,* der Tanz zur großen Trommel. **50 Dinge** ㉒ › **S. 14.** Er ist den Männern vorbehalten. Mindestens zwei Trommler sitzen mit etwa 15 Sängern am Boden. Die Trommeln verschiedener Klanglage, eine sehr dumpf, die andere heller, sind aus Palmholz gefertigt und mit Rochenhaut bespannt. Der Rhythmus wird mit der flachen Hand geschlagen. Ein Vorsinger singt in Dhivehi oder Arabisch den Leitvers, die anderen Sänger antworten im Refrain. Der Rhythmus beginnt zunächst langsam und tragend und steigert sich zunehmend. Aus der Gruppe der Sänger oder Zuhörer lösen sich einzelne Männer und beginnen mit gemessenen Schritten zu tanzen. Die Bewegungen sind graziös und muten fast weiblich an. Mit zunehmendem Tempo des Trommelschlags werden die Bewegungen ruckartig, am Ende fast ekstatisch, und der Zuschauer fühlt sich unwillkürlich an afrikanische Tänze erinnert. Die Malediver nennen diese Art von Darbietung selbst *Baburu Lawwa,* Schwarzengesang. Die Wurzeln reichen tief in die Vergangenheit zu-

Tanzvorführung in Male

rück, als auf den Inseln afrikanische Sklaven gehalten wurden. Mit einem plötzlichen letzten Trommelschlag ist der Spuk beendet, die Tänzer erwachen aus ihrer Trance.

Ein der holden Weiblichkeit vorbehaltener Tanz ist der *Bandiya Dschehun*. Junge Mädchen schlagen zum Tanzgesang den Rhythmus mit Fingerringen auf den Rand von Wasserbehältern *(Dschehun)* aus Aluminium oder Messing. Beim *Dandi Dschehun* werden Rhythmus und Gesang durch das Aufeinanderschlagen von mit Quasten verzierten Stöcken *(Dandi)* begleitet.

Feste & Feiertage

Die Malediver sind kein Volk, das jede Möglichkeit zu ausgelassenen Feiern nutzt. Gemäß dem Koran wird der Freitag als wöchentlicher Ruhetag beachtet, an dem alle öffentlichen Stellen und Banken geschlossen haben.

Dennoch haben viele Geschäfte in den späten Nachmittagsstunden geöffnet. Höhepunkte des Jahres sind die religiösen Feiertage, die in der vom Koran vorgeschriebenen Weise begangen werden.

Festkalender

Das islamische **Neujahrsfest** am ersten Tag des ersten islamischen Monats wird vergnügt gefeiert. Man besucht Verwandte und Freunde und wünscht sich Glück.

An **Mawlid Al-Nabi,** dem Geburtstag des Propheten am zwölften Tag des dritten islamischen Monats, wird geschlemmt. In den Fischerdörfern laden sich die Familien gegenseitig ein.

Der neunte Monat des islamischen Kalenders ist der Fastenmonat **Ramadan.** In dieser Zeit verzichtet der Gläubige von Sonnenauf- bis Sonnenuntergang auf Nahrung.

Eid al-Fitr (maledivisch *Kuda Eid*) beendet den Ramadan mit dem Eintritt des Neumonds am ersten Tag des zehnten islamischen Monats. Drei Tage lang feiert man mit einem fröhlichen Fest das Ende der entbehrungsreichen Zeit. Man trägt neue Kleider und spendet den Armen.

Am neunten Tag des zwölften islamischen Monats, dem Tag der Wallfahrt, **Hajj,** beginnt das für jeden Muslim wichtigste Ereignis, die Pilgerreise nach Mekka. Dieses kostspielige Unternehmen können sich nur Begüterte leisten; zum Abschied veranstalten die zurückbleibenden Angehörigen und Freunde ein Fest. Am Tag darauf folgt der wichtigste islamische Feiertag, das Opferfest **Eid al-Alhaa.** Man trägt zu diesem Anlass neue Kleider, bereitet besondere Speisen wie Hühner- oder Rindercurry zu und lädt jeden Besucher zum Essen ein.

Für den Malediver ist die **Beschneidung** der wichtigste Tag in seinem Leben. Die Jungen sind vier bis acht Jahre alt. Der Zeremonie folgen drei Ruhetage, die die frisch Beschnittenen in Gemeinschaft verbringen. Dem bedeutenden Anlass gemäß wird ein fröhliches Fest gefeiert, mit gutem Essen und lauter Musik.

Maledivische **Hochzeiten** sind eher unauffällig. Nach der Zeremonie vor dem islamischen Geistlichen laden manche Paare zu einem kleinen Empfang ein.

Totenfeiern nehmen die Familie in die Pflicht. Für etwa eine Woche werden sowohl am Grab des Verstorbenen als auch zu Hause bestimmte Gebete gesprochen. Am 40. Tag findet eine Gedenkzeremonie *(Faatiha)* statt, die aus einer langen Lesung islamischer Texte, dem *Maalud*, besteht und mit einem guten Essen ausklingt. In Erinnerung an den Toten wird die Faatiha von den Angehörigen jährlich, oft über Generationen, durchgeführt.

Der **Nationalfeiertag** im dritten Monat des Islamischen Kalenders ist dem Gedenken an den Sieg der Malediver über die Portugiesen 1573 gewidmet. An diesem Tag sind die Straßen von Male voller Menschen in traditionellen Gewändern, im total überfüllten Nationalstadion werden Ansprachen gehalten, Militärparaden abgenommen und traditionelle Tänze aufgeführt.

Der für die Malediver wichtige **Unabhängigkeitstag** wird am 26. Juli in Male mit Militärparaden, Schiffsparaden und Prozessionen gefeiert. Höhepunkt sind die abendlichen Feierlichkeiten am Platz der Republik.

Essen & Trinken

Grundnahrungsmittel der Einheimischen sind Reis und Fisch, der meist in einer Currysoße als Fischgulasch *Mas Riha* gekocht wird.

Auch Gemüse wie Brotfrucht und Kürbis sowie Geflügel werden als Currys gereicht, eine appetitanregende und dem heißen Klima gut angepasste würzige Zugabe zum Reis. Eine begehrte Delikatesse ist *Riha Hakuru*, eine sehr salzige und haltbare Fischsoße, die man durch stundenlanges Kochen eines Fischfonds erhält. Weißbrot nach europäischer Art gibt es nur in Male und auf den Touristeninseln, der Malediver selbst isst *Roshi*, ungesäuerte, dünne Fladen aus Weizenmehl und Kokosraspeln. Die Fladen werden in Stücke gerissen und in Fischsoße getaucht oder zu *Masooni* gegessen, fein geraspeltem Trockenthunfisch mit klein geschnittenen Zwiebeln, Chilis und Limonensaft.

Dem Besucher einer Einheimischeninsel wird zur Begrüßung fast immer eine Trinkkokosnuss *Kurumba* oder seltener auch der Palmsaft *Ra* angeboten. Auf Male und in den Touristenresorts ist das Leitungswasser nicht trinkbar. Man sollte sich an importierte Tafelwasser und abgefüllte oder heiße Getränke halten. In einer maledivischen Lokalität ist der sehr heiße und stark gesüßte Tee *Kalu Sai* immer die richtige Wahl. Alkoholische Getränke sind auf den muslimischen Malediven ausschließlich auf den Hotelinseln erhältlich, selbst die Hauptstadt Male ist völlig alkoholfrei.

Die Hotelinseln verfügen über eine abwechslungsreiche Gastronomie, zugeschnitten auf den europäischen Geschmack. Frühstück, Lunch und Dinner werden in vielen Resorts als Büfett mit einer großen Auswahl internationaler Speisen

Eine Kurumba sollten Sie unbedingt probieren

angerichtet. Manchmal veranstaltet der Küchenchef auch einen sogenannten maledivischen Abend mit einheimischer Kost. Viele Hotelinseln bieten neben einem Hauptrestaurant besondere Gaumenfreuden in zusätzlichen Themenrestaurants an; sehr häufig serviert werden mediterrane und asiatische Küche, Seafood oder Sushi.

Ein Besuch im Teehaus

Beim Stadtrundgang durch Male lohnt eine Pause in einem maledivischen Teehaus. Mit oft hochtrabenden Namen wie »Queen of the Night« oder »Moon Cafe« sind sie die bevorzugten Treffpunkte der Männer. Die großen Tische sind reich mit Speisen gedeckt. Auf Tellerchen liegen jeweils vier zunächst undefinierbare Happen. Der Kellner fragt nach den Getränkewünschen. Auch wenn es sehr warm ist – die einzig richtige Entscheidung ist der heiße, stark gesüßte schwarze Tee *Kalu Sai.* Nun hat man die Qual der Wahl: Da gibt es die runden Teigkugeln *Gulha,* in einer Teighülle ausgebackene, mit Curry und Chili gewürzte Fischstückchen. Oder *Samosa,* dreieckige, frittierte Blätterteigtaschen mit Fisch- oder Gemüsefüllung. Lecker sind auch *Keemia,* aus Fisch, Reis und Gewürzen hergestellte Fischröllchen, oder *Gulhi Bokibaa,* ein in Scheiben geschnittener, mild gewürzter Kuchen. Zur Abrundung dann etwas Süßes: *Keyku,* einen lockeren Kuchen, oder den sehr süßen Pudding *Kastad.* Auch die zuckersüßen kleinen Bananen *Donkeo* liegen auf dem Tisch. Vor dem Verlassen des Teehauses berappt man beim Zahlmeister, dem der Kellner die Anzahl der verzehrten Stückchen meldet, einige wenige Rufiyaa. Mit etwas Glück erlebt man noch, wie sich die hungrige Mannschaft eines Fischerdhoni auf den mittlerweile wieder appetitlich hergerichteten Tisch stürzt – maledivischer Alltag pur!

Male – Innenhafen überragt von der großen Moschee des Islamischen Zentrums

SEHENS-
WERTES

NORD- UND SÜD-MALE-ATOLL (KAAFU)

Kleine Inspiration

- **Lokalkolorit schnuppern** in einer Teestube des Hafenviertels › S. 84
- **Auf einem Schnorcheltrip** die bunte Unterwasserwelt von Baros erkunden › S. 85
- **Bei einer Massage im Unterwasser-Spa** die vorüberziehenden Fischschwärme auf Huvafen Fushi beobachten › S. 89
- **Haien und anderen Großfischen begegnen** auf einem Drift Dive vor Embudhu › S. 94

Vom Nord-Male-Atoll aus trat der Tourismus seinen Siegeszug an – mit Male, der quirligen Hauptstadt des Inselstaats. Jenseits des Vaadhoo-Kanals schließt sich das kleinere Süd-Male-Atoll an.

Das 60 × 40 km große **Nord-Male-Atoll** mit der Hauptstadt Male und dem Velana International Airport bildet geografisch in etwa den Mittelpunkt der Malediven. Der Flughafen befindet sich etwa 1 km von Male entfernt auf der Flughafeninsel Hulhule. Die touristische Erschließung des Archipels nahm im Jahr 1972 hier ihren Ausgang. Beginnend mit der Insel Vihamaanafushi, dem heutigen Kurumba, wurden von den insgesamt 53 Inseln des Atolls bis heute 27 als Hotelresorts ausgebaut. Von Einheimischen bewohnt sind außer Male die Inseln Gaafaru, Dhiffushi, Tulusdu, Huraa und Himmafushi.

Der 5 km breite Vaadhoo-Kanal trennt das mit 35 × 20 km deutlich kleinere **Süd-Male-Atoll** von der großen Schwester. Von den 28 Inseln sind 16, alle am Atollrand oder in dessen Nähe liegend, als Hotelinseln ausgewiesen und nur drei Eilande, Gulhi, Guraidhoo und Maafushi, von Einheimischen bewohnt.

Die Hauptstadt **Male** ist Wirtschafts- und Verwaltungszentrum, Mittelpunkt des Archipels und Tor zur übrigen Welt. Ihre rund 2 km² große Fläche ist völlig zugebaut und übervölkert. Noch vor 60 Jahren lebten gerade einmal 16 000 Menschen auf der Insel, heute sind es über 130 000.

Inselhauptstadt Male ⭐

Male ist wahrscheinlich die am dichtesten bevölkerte Stadt der Welt. Platz ist rar, und so musste ein Stückchen Strand als Freizeitareal für die Stadtbewohner am östlichen Ufer der Stadtinsel künstlich geschaffen werden. Die Skyline der Stadt im Norden der Insel wird von der großen Moschee des Islamischen Zentrums mit ihrer goldenen Kuppel geprägt. Entlang des Innenhafens entstanden

Nord-Male-Atoll aus der Vogelperspektive

in jüngerer Zeit auch einige mehrgeschossige Büro-, Bank- und Hotelgebäude. Das Herz der Stadt schlägt aber nach wie vor im alten Basarviertel am Hafen. Hier wird vor allem mit frischem Fisch, Gemüse, Holz und Gewürzen gehandelt.

Die Stadt ist in vier Bezirke aufgeteilt: Henveiru im Nordosten, Maafannu im Westen, Machangolhi im Zentrum und den noch ursprünglichen Stadtteil Galolhu im Süden. Male wird von zwei großen Straßen durchkreuzt, der nordsüdlich verlaufenden Chandhanee Magu und der die ganze Insel querenden Majeedhee Magu. Dazwischen erstreckt sich ein Wirrwar verwinkelter Gassen mit kleinen Geschäften und den traditionellen, aber auch neuen Häusern der Bewohner Males.

Stadtrundgang

Verlauf: Jumhooree Maidan › Islamisches Zentrum › Sultanspark/Nationalmuseum › Hukuru Miskiiy › Medhu Ziyaaraiy-Schrein › Muleeage › Grab von Muhammad Thakurufaanu › Bandara Miskiiy › Präsidentenpalast › Fischhalle › Obst- und Gemüsemarkt

Karte: Seite 83

Dauer: Zu Fuß ist man 1½–2 Stunden unterwegs. Ein Besuch der Inselhauptstadt kann sich, ohne dass man etwas Wichtiges verpasst, auf einen Rundgang durch den alten nördlichen Teil mit Regierungsviertel, Moscheebereich und Basar beschränken. Beste Tageszeit für einen Besuch ist der Vormittag. Den Fischmarkt kann man allerdings erst am Nachmittag erleben.

Praktische Hinweise:

- Die Anreise erfolgt in der Regel mit dem Boot. Je nach Distanz können von fast jedem Inselhotel im Nord- und Süd-Male-Atoll halb- oder ganztägige Exkursionen gebucht werden. **Achtung:** Im Sommer 2017 riet das Auswärtige Amt wegen zunehmender politischer Unruhen von Ausflügen in die Stadt ab.

- Die Erkundung der Altstadt ist anstrengend – doch es gibt genügend klimatisierte Taxis. Die weißen Funktaxis warten an belebten Orten (Hafen, Krankenhaus, Post) auf Kundschaft oder können angehalten werden, normalerweise ruft man sie vom nächsten Geschäft oder Hotel per Telefon (Tel. 332 3132, 332 2122, 332 5656). Die Fahrtkosten belaufen sich unabhängig von der Entfernung auf 25 MRf, wenn man das Taxi auf der Straße anhält, telefonisch bestellte Taxis können etwas mehr kosten.

- Das Fotografieren ist in Male kein Problem, nicht abgelichtet werden dürfen lediglich das Gebäude des Militärs am Jumhooree Maidan und natürlich das Innere von Moscheen.

Vom Hafen zum Islamischen Zentrum

Der Rundgang beginnt an der Anlegestelle für Touristenboote vor dem **Jumhooree Maidan** Ⓐ. Der Platz, in dessen Mitte die maledivische Flagge an einem hohen Flaggenmast weht, ist eine der wenigen großen Freiflächen in der völlig übervölkerten Stadt und wird deshalb gerne, besonders am kühleren Abend, von den Stadtbewohnern als Treffpunkt aufgesucht. Richtung Osten befindet sich an der Hafenfront das **Office des Präsidenten,** im größeren Gebäude daneben residiert die **Bank of Maldives.** Die Ostseite nimmt ein sechsstöckiges Regierungsgebäude

Im Vordergrund: der Innenhafen und das Islamische Zentrum mit der Moschee

ein. Das festungsähnliche Gebäude an der Südseite ist die Garnison der **National Security Guard.**

Fotografieren oder Filmen ist hier nicht erwünscht!

An der Westseite des Platzes beginnt die **Chandhanee Magu,** eine der beiden Hauptstraßen Males: Hier reiht sich Laden an Laden, das Warenangebot ist bunt gemischt, von Souvenirs bis zu Elektronikartikeln wird alles angeboten. Der Straße in südlicher Richtung folgend, erreicht man in wenigen Schritten das **Islamische Zentrum** mit der ❗ imposanten Masjid al-Sultan Muhammad Thakurufaanu Ⓑ. Das 41 m hohe Minarett und die leuchtende Goldkuppel der Moschee sind bereits von Weitem zu sehen. Befreundete islamische Staaten finanzierten den Bau

des 1984 eingeweihten Gebäudes. Ungläubige dürfen – dezent gekleidet und ohne Schuhe – den 1. Stock

SEITENBLICK

Hulhumale

Nordöstlich der Flughafeninsel Hulhule entsteht eine neue künstliche Insel. Um mehr Platz für die Bevölkerung, aber auch für Verwaltung und Industrie zu gewinnen, schüttet man dort seit 1998 Land auf. Der Abschluss der ersten Bauphase ist für 2020 vorgesehen; Hulhumale soll dann eine Fläche von 8 km² haben und rund 50 000 Menschen Unterkunft und Arbeit bieten. Erste Restaurants haben sich bereits angesiedelt. Um dem Anstieg des Meeresspiegels zu begegnen, erhöhte man das Bodenniveau gegenüber dem der Hauptstadtinsel um 1 m.

betreten. Von dort kann man einen Blick auf die mit kunstvollen Holzschnitzereien geschmückte und mit einem riesigen türkisblauen Teppich ausgelegte Hauptgebetshalle werfen (tgl. 9–17 Uhr, während der Gebetszeiten geschlossen).

Museum und alte Moschee

An der Kreuzung mit der Medhu Ziyaaraiy Magu fällt das Gebäude der maledivischen Telefongesellschaft Dhiraagu mit der großen Satellitenschüssel ins Auge. Hier biegt man links ein und folgt der Straße bis zum Rondell mit dem **Monument der Republik.** Rechterhand liegt der **!** hübsche Sultanspark mit dem kleinen **Nationalmuseum C**. In einem Seitenflügel des ehemaligen Sultanspalastes sind Mobiliar, Waffen, Kleidungsstücke, Münzen und Dokumente aus der Zeit des Sultanats zu bewundern. **50 Dinge ㉘ › S. 15.** Daneben wurden Ausgrabungsfunde aus der buddhistischen Ära untergebracht (Sa–Do 9 bis 17 Uhr).

Etwa 100 m weiter östlich liegt die alte Freitagsmoschee **Hukuru Miskiiy D**, an die sich ein kleiner ummauerter Friedhof anschließt. **50 Dinge ㉙ › S. 15.** Kunstvoll behauene Grabsteine zieren die letzten Ruhestätten von Sultanen und anderen berühmten Persönlichkeiten, können aber ohne behördliche Genehmigung nur von der Straße aus bewundert werden. Unter Grabsteinen aDenkmäler mit Rundbogen wurden den Damen des Hofes gewidmet. Das gedrungen wirkende **Munnaaru-Minarett** steht etwas abseits. Eine arabische Inschrift darauf informiert darüber, dass dieses Bauwerk im Jahr 1085 islamischer Zeitrechnung (1675 n. Chr.) von Sultan Iskander errichtet wurde.

Bedeutende Grabmale

Die weißen Fähnchen auf der anderen Straßenseite zieren den **Medhu Ziyaaraiy-Schrein** : Hier verehren die Malediver den nordafrikanischen Gelehrten Abu al-Barakat Yusuf al-Barbari, der sie 1153 n. Chr. zum Islam bekehrte. Gleich daneben steht der einstige Sultans- und spätere Präsidentenpalast **Mu-**

leeage von 1913, der heute als Unterkunft für Staatsgäste und für offizielle Anlässe genutzt wird (nur von außen zu besichtigen). Etwas weiter im Straßenverlauf liegt zur Rechten das **Parlamentsgebäude.**

Ein kleiner Abstecher über Ali Kilegefaanu und Neelafaru Magu führt zum **Grab von Muhammad Thakurufaanu** . Das Denkmal liegt auf dem Gelände einer Moschee und wird von den Maledivern hoch verehrt, ist es doch die letzte Ruhestätte des Nationalhelden, der den heroischen Befreiungskampf gegen die Portugiesen führte **50 Dinge** ㉘ › **S. 15.**

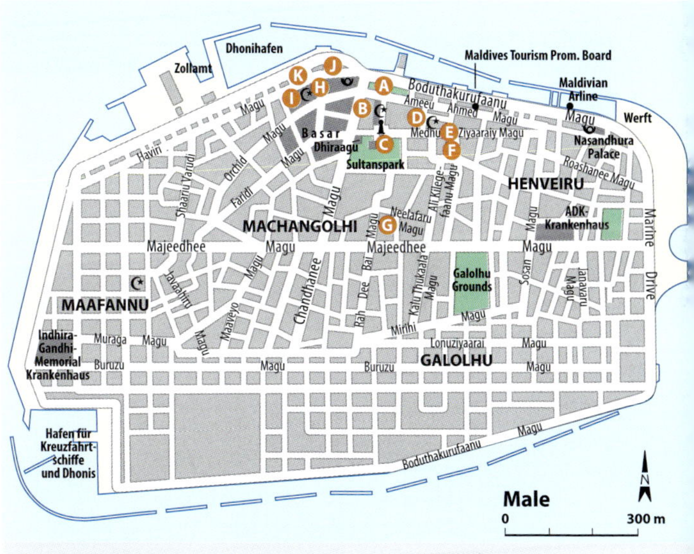

A Jumhooree Maidan	**E** Medhu Ziyaaraiy-Schrein	**I** Präsidentenpalais
B Masjid al-Sultan Muhammad Thakurufaanu	**F** Muleeage	**J** Fischhalle
C Nationalmuseum	**G** Grab von Muhammad Thakurufaanu	**K** Obst- und Gemüsemarkt
D Hukuru Miskiiy	**H** Bandara Miskiiy	

Einkaufsstraße im quirligen Hafenviertel von Male

Geschäftsviertel am Hafen

Über die Chandhanee Magu geht es nun zurück in Richtung Hafen. Kurz davor biegt man links in die breite Orchid Magu ein und gelangt, vorbei an der allen Gläubigen offen stehenden **Bandara Miskiiy**-Moschee **H**, zum imposanten **Präsidentenpalais** **I** auf der rechten Straßenseite.

Vor der Moschee führt eine schmale Gasse Richtung Hafen und mitten hinein in das **!** pulsierende Geschäftsviertel der Stadt. Dort taucht man ein in das quirlige Leben in schmalen Straßen und entlang des Hafenkais. Dickbäuchige Lastschiffe aus den südlichen Atollen löschen ihre Ladung aus Bananen und Trockenfisch. In kleinen Geschäften wird alles angeboten, was man auf den entfernten Atollen benötigt. Da Handel ausschließlich Männersache ist, erstaunt es nicht, dass es in diesem Viertel auch einige **Teehäuser** › S. 75 gibt, ideal für eine Mittagsrast mit pikanten Happen, heißem Tee und viel Lokalkolorit.

In der großen **Fischhalle** **J** ist nachmittags nach Rückkehr der Fischerboote die Hölle los. Tausende frischer Bonitos und Regenbogenmakrelen liegen nach einem guten Fangtag neben einzelnen Prachtexemplaren von Schwertfisch auf dem gekachelten Boden. Es wird nach Herzenslust gefeilscht, der Lärm ist ohrenbetäubend.

Nur wenige Schritte sind es von dort zum **Obst- und Gemüsemarkt** **K**, wo neben Bananen, Kokosnüssen, Mangos, Melonen, Limonen, Gewürzen und Betelblättern auch Dinge des täglichen Bedarfs angeboten werden. Zurück zum Transferboot gelangt man in etwa 10 Minuten.

Hotelinseln im Nord-Male-Atoll

Baros 1 ⭐ [F1]

Baros Maldives

Tel. 664 2672
www.baros.com; €€–€€€
Karte: Seite 86
Größe: 400 × 300 m
Umrundung zu Fuß: 15 Min.
Flughafentransfer:
Schnellboot (25 Min.)

Als eine der ersten Inseln bereits Anfang der 1970er-Jahre erschlossen, ist Baros nach wie vor ein Klassiker des Malediven-Tourismus. Mit der zuletzt 2012 erfolgten Renovierung mit neuem Fitnesszentrum ist man auch hier dem Trend zu Luxus und Wellness gefolgt. Die 45 palmblattgedeckten Einzelbungalows aus Holz liegen, zum Teil versteckt zwischen Büschen, entlang des Sandstrandes und bieten mit einer umfangreichen und gediegenen Ausstattung viel tropisches Wohnfeeling. Besonders attraktiv sind die in einem offenen Oval in der Lagune angeordneten 30 Stelzenbungalows (5 jetzt mit Privatpool in der Veranda), die man über einen Steg erreicht. Alle Zimmer haben Klimaanlage und Ventilator, Sat-TV, IDD-Telefon sowie WLAN und Kabel. Für das leibliche Wohl der Gäste sorgen drei Open-Air-Restaurants, eines davon wurde auf Stelzen über dem Wasser erbaut.

Die kleine, idyllische Insel mit den vielen Kokospalmen am Rande eines Miniatolls ist ideal für Wassersportler: Das auch für Schnorchler (Ausrüstung gratis zu leihen) interessante Hausriff liegt nur 25 m vom Strand entfernt; die bis zu 10 m tiefe Lagune ist für Schwimmer und Surfer bestens geeignet. Die Tauchbasis befindet sich auf einem Steg, wo auch die Tauchboote an- und ablegen. ❗ Ein Meeresbiologe bietet geführte Schnorchelausflüge und Vorträge an. Lohnend ist auch ein Trip mit einem komfortabel ausgestatteten Segeldhoni. Insgesamt ist die Insel geeignet für Individualisten und Taucher abseits der Massen.

Sport & Aktivitäten

Divers Baros Maldives (PADI), Windsurfen, Katamaransegeln, Wasserski. Tischtennis, Dart, Volleyball. Spa, Yoga.

Ausflüge

Inselhüpfen, Ausflüge nach Male, Fotorundflüge, Delfinbeobachtung, Schnorcheln mit einem Meeresbiologen.

Restaurant auf Baros

Nord-Male-Atoll (Kaafu)

N

0   10 km

─── beschriebene Insel

Gaafaru-Atoll

Gaafaru

Gaafaru Channel

Kagi

Akirifushi   Helengeli

Madhurifushi
Eriyadu
2 (Smartline Eriyadu)

Makunudu

Medhufinolhu

Madivaru

Hembadoo

Boduhithi   Meerufenfushi **7**
                                             (Meeru Island Resort)
Kudahithi   Asdhoo   Dhiffushi

                                             Vilingili
                                             Tulusdu
Huvafen Fushi   Gasfinolhu
4 (Huvafen Fushi)   Lohifushi
                                             Kanifinolhu
                              Huraa
                              Kuda Huraa   Kanu Huraa **5**
Ihuru   Vabbinfaru   (Cinnamon Dhonveli Beach Resort)
8 (Banyan Tree Vabbinfaru) Tulagiri
                              Himmafushi
             Baros   Lankanfushi **3**
1 (Baros Maldives) Bandos (Gili Lankanfushi Resort & Spa)
                              Lankanfinolhu **6**
Wataru   Kuda   (Paradise Island Resort & Spa)
              Bandos Furanafushi

                      Farukolhufushi
              Kurumba
       Aarah
Giravaru   Hulhule
       Male
Villingili   Male

Vaadhoo Channel

Velassaru Vaadhoo
                    Embudu Finolhu
       Süd-Male-Atoll
              Embudu

Eriyadu 2 [F1]

Smartline Eriyadu

Tel. 664 4487
www.smartlineeriyadu.com; €
Karte: Seite 86
Größe: 150 × 300 m
Umrundung zu Fuß: 15 Min.
Flughafentransfer:
Schnellboot (1 Std.)

Die kleine familiäre Insel im Nordwesten des Nord-Male-Atolls ist für schöne Tauchplätze bekannt. Sie wird von einer flachen, sandigen Lagune umgeben, die nach 60 bis 100 m in das die Insel säumende Hausriff übergeht. Auf Schnorchler und Taucher wartet hier ein fischreiches und intaktes Unterwasserrevier. Durch vier Öffnungen im Korallenring kann das Riff gut erreicht werden. Zum Baden eignet sich die hier breitere Lagune mit flachem Wasser im Südosten und Nordwesten.

Die dichte, naturbelassene Vegetation besteht aus Scaevolabüschen, Kokos- und Schraubenpalmen. Darin eingebettet liegen palmblattgedeckte Doppelbungalows mit insgesamt 76 Zimmern; alle besitzen eine große Terrasse. Alle Unterkünfte sind mit Klimaanlage, TV und Telefon ausgestattet. Das Open-Air-Restaurant liegt fast genau in der Mitte der Insel, der Coffeeshop am südlichen Strand, daneben gibt es eine luftige Strandbar mit Terrasse über der Lagune. ! Regelmäßig werden am Strand stimmungsvolle Barbecue-Abende veranstaltet. Sehr angenehm ist, dass bislang keine Wasserbungalows den freien Blick aufs Meer verstellen.

Eriyadu ist ein beliebtes Ziel von Sporttauchern, von denen einige schon seit Langem Stammgäste sind. Das 2015 renovierte Resort bietet viel Komfort, aber keinen abgehobenen Luxus.

Sport & Aktivitäten

Tauchbasis Euro Divers, Schnorcheln und Tauchen am Hausriff, Windsurfen, Katamaransegeln, Wasserski. Fitnessraum, Badminton, Tischtennis, Volleyball.

Ausflüge

Inselhüpfen, Schnorcheltrips zu Riffen und Mantatreffpunkten, Shopping-Ausflug nach Male.

Lankanfushi 3 ⭐ [F1]

Gili Lankanfushi Resort & Spa

Tel. 664 0304
www.gili-lankanfushi.com; €€€
Karte: Seite 86
Größe: 400 × 200 m
Umrundung zu Fuß: 20 Min.
Flughafentransfer:
Schnellboot (20 Min.)

Das wahrscheinlich beste und luxuriöseste Resort des Nord-Male-Atoll (zuvor unter dem Namen Soneva Gili bekannt) setzt ganz auf 45 großzügige Wasservillen mit Sonnendeck, die mehrere Stege miteinander verbinden. Einige besonders luxuriöse Villen stehen weit draußen in der Lagune und sind nur mit dem eigens zur Verfügung gestellten Boot zu erreichen, wobei persönliche Butler für das Wohlbefinden sorgen. Privatsphäre wird hier also groß geschrieben, und das Motto des Resorts lautet: »No News, No Shoes«. Die Einrichtungen auf der Insel selbst verschwinden fast unter den Tausenden von im Zuge der Umgestaltung des früheren, völlig verschwundenen Barfußresorts Hudhuveli angepflanzten Kokospalmen. Beim Bau wurde sorgfältig auf ökologische Prinzipien und die Verwendung nachhaltiger Materialien geachtet. Beliebter Treffpunkt der Gäste sind der Infinity-Süßwasserpool am Strand und mehrere Gourmetlokale mit sehr abwechslungsreicher Küche, darunter das besonders gute Restaurant By The Sea mit innovativer japanisch-peruanischer Küche. Auch der unterirdische Weinkeller zählt zu den Highlights.

Die große Lagune ist ideal für Schnorchler, die zu einer menschenleeren Insel hinüberschwimmen können. Sie gehört zum Resort. Auch die Begleitung durch einen Meeresbiologen wird angeboten. Windsurfer kommen in der Lagune ebenfalls auf ihre Kosten.

Auf dem luxuriösen Dhoni des Resorts fährt man in kleinen Gruppen zu den besten Tauchplätzen. Herrlich entspannende asiatische Massagen und Therapien bietet der elegante, auf Stelzen in der Lagune errichtete »Meera-Spa«, einer der luxuriösesten der Malediven. Für abendliche Unterhaltung sorgt das »Urwaldkino«.

Sport & Unterhaltung

Tauchbasis Ocean Paradise Dive Center (PADI, Nitroxtauchen). Windsurfen, Katamaransegeln, Tennis, Tischtennis, Hochseeangeln.

Ausflüge

Shoppingtrip nach Male, Besuch der Einheimischeninsel Himmafushi, Delfinbeobachtung, Schnorcheln mit Mantas.

Huvafen Fushi

4 ⭐ [E1]

Huvafen Fushi
Tel. 664 4111
www.huvafenfushi.com; €€€
Karte: Seite 86
Größe: 300 × 100 m
Umrundung zu Fuß: 15 Min.
Flughafentransfer: Speedboot (30 Min.)

Seit 2012 nimmt auch diese Hotelinsel nach einem millionenschweren Umbau am Wettstreit der maledivischen Luxusresorts teil. Zu jedem Bungalow gehört ein privates Stück Strand sowie ein illuminierter Minipool mit Blick in die Unendlichkeit des Meeres. Einzigartig auf den Malediven sind die 7 m unter dem Meeresspiegel gelegenen Behandlungsräume des Spa, in dem riesige Glasfenster während der Massage einen Blick auf das marine Leben ermöglichen. **50 Dinge** ⑥ › S. 12.

Das abgehobene Resort mit schönem Sandstrand liegt unweit des westlichen Außenriffes am Rande einer kleinen Lagune und besitzt 43 klimatisierte Bungalows an Land oder auf Stelzen in der Lagune, alle individuell gestaltet in geschmackvollem Design. Die 125 bis 160 m² großen Zimmer warten mit modernster Unterhaltungstechnik wie großem Fernseher samt Bose Surround Sound System und bespieltem iPod auf.

Weitere Annehmlichkeiten sind ein Butlerservice, ein in den Untergrund eingelassener, gut sortierter Weinprobierkeller, ein Yoga-Pavillon und das schicke Lime Spa. Der sich bis in die Lagune erstreckende, mit Faseroptik beleuchtete Süßwasserpool vermittelt die Illusion eines fließenden Übergangs vom Pool ins Meer. Auch das Restaurant wurde ohne Landverbrauch unmittelbar am Strand auf einer Plattform ins Meer gesetzt. Nebenan führt ein Steg zu einem Offshore-Restaurant samt Saftbar. Wie in allen Luxusresorts wird Private Dining im eigenen Bungalow, auf einer unbewohnten Insel oder im Weinkeller angeboten. Der Luxus hat seinen Preis – eine Nacht auf Huvafen Fushi kostet so viel wie zwei Wochen in einem 4-Sterne-Resort!

Sport & Aktivitäten

Tauchbasis **FloSat** (PADI), Windsurfen, Katamaransegeln, Kanuverleih, Jetski, Wasserski, Beachvolleyball, Fitnesscenter, Yoga.

Ausflüge

Ausflug nach Male, private Tauch- und Inselausflüge.

❗ Erstklassig

Die attraktivsten Spas

- Weltweit einzigartig ist das Spa auf **Huvafen Fushi:** Hier kann man während der Massage Fischschwärme betrachten – die panoramaverglasten Behandlungsräume liegen unter Wasser › **S. 88.**
- Die sieben auf Stelzen in die Lagune gebauten, luxuriösen Behandlungspavillons des **Lily Beach Resort & Spa** auf Huvahendhoo (Ari-Atoll) garantieren ungestörte Ruhe › **S. 107.**
- Zwei Spas besitzt das **Conrad Maldives Rangali Island** (Ari-Atoll): Das Spa Retreat ist Rangalifinolhu vorgelagert (Restaurant mit Wellnessküche); ein weiteres Over Water-Spa mit Glasboden befindet sich auf Rangali Island › **S. 113.**
- Natur, Infrastruktur und Wellness gehen im **Soneva Fushi Resort** auf Kunfunadhoo (Baa-Atoll) › **S. 124** eine harmonische Symbiose ein. Das **Six Senses Spa** besitzt Behandlungsräume mit integrierten Wasserwänden und offene Massagepavillons am Meer.
- In einem abgelegenen Inselresort wie dem **JA Manafaru** (Haa-Alifu-Atoll) sicher ungewöhnlich: ein in die Tropenvegetation eingebettetes Spa mit künstlichen Bächlein und Wasserfällen › **S. 138.**
- Im Spa des **Angsana Resort Velavaru** (Nilandhe-Atoll) wird man von vielseitig ausgebildeten Therapeuten verwöhnt › **S. 145.**

Kanu Huraa ⑤ [F1]

Cinnamon Dhonveli Beach Resort

Tel. 664 0055
www.cinnamonhotels.com/en/
cinnamondhonvelimaldives/; €
Karte: Seite 86
Größe: 600 × 100 m
Umrundung zu Fuß: 15 Min.
Flughafentransfer:
Schnellboot (20 Min.)

Dhonveli ist das maledivische Wort für »weißer Sand«. Erste Korallenformationen erreicht man von der nördlichen Hafenmole aus nach kurzer Schnorchelstrecke.

Da ❗ einige spektakuläre Surfspots ganz in der Nähe liegen, ist es von jeher ein beliebter Treffpunkt der Wellenreiter. Der berühmte Pasta Point liegt direkt vor der Insel, andere Spots wie Sultans, Honky's und Jailbreak sind in 10 Bootsminuten schnell erreichbar. Surfaktivitäten von Kanu Huraa aus kann allerdings nur bei Komplettbuchung über einen Spezialveranstalter (www.atolltravel.com) nachgegangen werden. **50 Dinge** ④ › S. 12.

2017 waren auf der Insel umfangreiche Modernisierungen im Gange. Sie liegt inmitten einer großflächigen Lagune. Insbesondere Gäste der Strandbungalows blicken in eine traumhafte Lagunenlandschaft mit Sandbänken und weiteren Inselchen. Das dicht bebaute Resort verfügt über 148 klimatisierte Zimmer, verteilt auf zum Teil mehrstöckige Strandbungalows. An den Enden der Insel wurden großzügige Wasserbungalows mit Jacuzzi in die Lagune gebaut. Es gibt einen Pool und ein gut ausgestattetes Spa. Interessant für ruhebedürftige Urlauber: Die Disco ist schalldicht.

Verpflegt wird der Gast in drei verschiedenen Restaurants vom Büfett und à la carte. Von der Sunset Terrace Bar aus lassen sich die Surfer vor der Insel bequem mit einem Cocktail in der Hand beobachten. Kanu Huraa ist auch für den weniger sportlich orientierten Urlauber und wegen der großen Lagune gut für Familien mit Kindern geeignet.

Sport und Unterhaltung
Tauchbasis Meridis Dive (PADI), Surfbasis, Kanuverleih. Fitnesscenter, Tennisplatz, Squashcourt, Volleyball, Billard. Diskothek, Karaoke-Bar, Internetcafé.

Ausflüge
Inselhüpfen, Besuch der Einheimscheninseln Huraa und Himmafushi, Sightseeingtrip nach Male, Barbecue-Ausflug zur Insel Kuda Bandos, tägliche Delfinsafaris, Schnorchelexkursionen zu nahen Riffen und Manta-Points.

Lankanfinolhu ⑥ [F1]

Paradise Island Resort & Spa / The Haven

Tel. 664 0011; www.villahotels.com; €
Karte: Seite 86
Größe: 1000 × 250 m
Umrundung zu Fuß: 30 Min.
Flughafentransfer:
Schnellboot (20 Min.)

Pool des Paradise Island Resort auf Lankanfinolhu

Nach umfangreichem Umbau wurde Lankanfinolhu 1994 als Paradise Island Resort & Spa wiedereröffnet und ist seitdem in die Jahre gekommen. Die Vegetation blieb weitgehend verschont, Zierpflanzen machen daraus einen gepflegten, tropischen Garten. Im Westen sowie im Norden, wo die Insel in einer schönen Sandbank ausläuft, liegen **❗** sehr breite, zum Baden hervorragend geeignete Sandstrände. Segler und Windsurfer kommen hier voll auf ihre Kosten.

Um das Hausriff an der Nordwestseite zu erreichen, muss allerdings eine Schnorchelstrecke von mehr als 200 m bewältigt werden. Empfehlenswerter sind die täglich angebotenen Schnorcheltrips per Boot zu nahen Inseln und Riffen. Zum nahen Außenriff gelangt man per Tauchboot in nur zehn Minuten. Der nahe Mantapoint › **S. 37** wird auch gern von den Tauchschiffen anderer Hotelinseln besucht.

Die Ausstattung der mit gepflasterten Verbindungswegen rollstuhlgerecht gestalteten Anlage mit 220 Zimmern wird gehobenen Ansprüchen gerecht. Die am Strand eng aneinandergereihten Einzel- und Doppelbungalows sowie die 2007 erneuerten 62 luxuriösen Stelzenbungalows (Letztere werden als eigene Hotelanlage »The Haven« vermarktet), sind komfortabel ausgestattet mit Rattanmöbeln, Bad/Dusche mit Süßwasser, Außendusche, Klimaanlage, Deckenventilator, Sat-TV, Musikanlage und Terrasse mit Meerblick. Im Back Office an der Rezeption kann man sich ins Internet einloggen.

Ein kleiner Süßwasserpool mit Kinderbecken und das schön gestaltete Spa im Inselnorden mit einer breiten Palette an Behandlungen runden das Angebot des Resorts ab.

Es gibt ein großes Open-Air-Restaurant am Strand und drei intimere Restaurants (japanisch,

Seafood und mediterran) und eine Karaoke-Bar. Daneben kann man sich rund um die Uhr im Coffeeshop, zum Sundowner in der Bar am Pool oder intimer in der Strandbar im nördlichen Teil der Insel verwöhnen lassen.

Lankanfinolhu ist außer für den sportbegeisterten Urlauber auch für Tagungen und Incentive-Reisen geeignet: Ein Konferenzraum mit Multimedia-Ausstattung steht für Meetings und Events zur Verfügung.

Sport & Aktivitäten

Tauchschule Delphis Diving Center (PADI, Nitroxtauchen), Tauchfahrten zum Außenriff, Katamaransegeln, Windsurfen, Wasserski, Parasailing. Fitnesscenter, Whirlpool, Sauna und Dampfbad. Tennisplatz (Flutlicht), Indoor Badminton und Squash, Tischtennis, Basketball, Beachvolleyball, Billard.

Ausflüge

Male-Exkursion, Inselhüpfen, Fotorundflug, Delfin- und Walbeobachtung, Schnorchelausflüge.

Meerufenfushi 7 [F1]

Meeru Island Resort

Tel. 664 3157
www.meeru.com; €
Karte: Seite 86
Größe: 1100 × 400 m
Umrundung zu Fuß: 45 Min.
Flughafentransfer:
Schnellboot (1 Std.)

Typisch für Meerufenfushi sind der dichte Bewuchs mit Buschwerk und Kokospalmen sowie der 1,5 km lange Sandstrand. Die größte Insel im Nord-Male-Atoll liegt an seiner östlichsten Spitze und bietet trotz ihrer exponierten Lage **!** sehr gute Badeplätze mit einem korallenfreien Sandstrand im geschützten Westen. Dort schließt sich ab Inselmitte auch ein tiefes, mit kleinen Korallenriffen durchsetztes Lagunenbecken an, das Surfern und Seglern gute Bedingungen bietet. Nahe gelegene Riffe zum Schnorcheln sind am besten per Bootstransfer zu erreichen, Taucher können die Unterwasserwelt an mehr als 50 Tauchplätzen erkunden (nur per Boot).

Die Strandbungalows sind in Holzbauweise ausgeführt; ebenso die 79 Stelzenbungalows im Norden und Osten. Lediglich 20 Gartenbungalows im Inselinneren sind in herkömmlicher Weise aus Korallengestein gebaut. Insgesamt verfügt Meerufenfushi über 286 mit Klimaanlage, Süßwasserdusche und Kühlschrank ausgestatteten Zimmern.

Für das leibliche Wohl bietet die für Familien geeignete Insel fünf Restaurants, mehrere Bars und einen Coffeeshop. Eine hübsche Idee ist das **!** À-la-carte-Restaurant mit Bar auf dem ehemaligen Safariboot »Goma«, das in der Lagune am Inselsteg vor Anker liegt. Die Hotelanlage verfügt über einen TV-Raum, zwei Swimmingpools (einer mit Kinderbecken), eine in die Lagune gebaute Spa-Anlage und einen Kinderspielplatz. Nach vorheriger Anmeldung ist Kinderbetreuung mög-

Ruhe genießen auf Meerufenfushi

lich. Ärztliche Hilfe wird in der Inselklinik geboten. Meerufenfushi ist ein ideales Reiseziel für Familien, junge Leute und Junggebliebene: komfortabel, aber ohne unnötigen und teuren Luxus.

Sport & Aktivitäten

Ocean Pro-Tauchschule (PADI, Nitrox- und Rebreathertauchen), Surf- und Segelschule, Katamaransegeln, Kajakverleih. Fitnesscenter, zwei Tennisplätze mit Flutlicht, Tischtennis, Badminton, Volleyball, Golfplatz, Fahrradverleih.

Ausflüge

Trips zur unbewohnten Insel Kagi, zur Einheimischeninsel Dhiffushi und nach Male, Robinson Crusoe-Tour für Paare, Fotorundflüge, Segelausflüge, täglich Schnorcheltrips.

Vabbinfaru **8** [F1]

Banyan Tree Vabbinfaru

Tel. 664 3147
www.banyantree.com/de/
em-maldives-vabbinafaru; €€€
Karte: Seite 86
Größe: 200 × 150 m
Umrundung zu Fuß: 10 Min.
Flughafentransfer:
Schnellboot (20 Min.)

Die dicht bewachsene halbmondförmige ökofreundliche Insel liegt im Inneren des Atolls und bietet herrliche Sandstrände und ein Hausriff, das sich nahezu um die gesamte Insel zieht. Das Eiland ist besonders für (noch) verliebte Pärchen geeignet. Abendliche Animation gibt es so gut wie nicht. Eine kühle Meeresbrise durchzieht die 48 mit Palmstroh gedeckten Bungalows, sodass man die Klimaanlage gern mal ausschalten kann. Alle sind sehr geschmackvoll mit Mobiliar aus indonesischen Edelhölzern, Himmelbett und Marmorbad ausgestattet. Einige bieten Whirlpool und einen eigenen Garten. Eine Villa ist besonders großzügig und luxuriös ausgestattet.

Das Restaurant Ilaafathi serviert vielgerühmte innovative Küche. Romantiker können sich das Abendessen auch auf der Sandbank »Banyan Finolhu« (10 Min. mit dem Motorboot) bei Mond- und Kerzenschein servieren lassen.

Der Banyan Tree Spa wurde 2014 preisgekrönt. Man kann zur Ab- wechslung aber auch mit den tagsüber verkehrenden Shuttlebooten zum benachbarten »Schwesterresort« Angsana Ihuru hinüberfahren und dessen Einrichtungen (inkl. des renommierten Spa) nutzen. Sehr zu empfehlen ist die Teilnahme an Vorträgen und Umweltschutzaktivitäten des ganzjährig auf der Insel anwesenden Teams von Meeresbiologen des Banyan Tree Marine Lab. **50 Dinge** ⑦ › S. 12.

Sport & Aktivitäten

Ruhiges **Wassersportzentrum mit Tauchschule** (PADI), Kajak, Windsurfen, Wasserski und Katamaransegeln.

Ausflüge

Nach Male, zu Einheimischen- und andern Inseln, täglich kostenlose Schnorcheltrips.

Hotelinseln im Süd-Male-Atoll

Embudhu ⑨ [F2]

Embudu Village

Tel. 664 0063
www.embudu.com; €
Karte: Seite 95
Größe: 360 × 170 m
Umrundung zu Fuß: 20 Min.
Flughafentransfer: Boot (45 Min.)

Embudhu liegt im Nordosten des Atolls im Strömungsbereich des Embudhu-Kanals, einer großen Öffnung im Außenriff. Mit dem frischen Ozeanwasser, das so an die Insel gelangt, kommen häufig ganze Fischschwärme und Großfische nahe heran. Die urige Insel wird gesäumt von einem über **!** 2 km langen, fischreichen Hausriff mit fünf Einstiegen, das im Osten und Süden nach 30 m Schnorchelstrecke leicht erreichbar ist. An diesem Hausriff hat man die Chance, fast alles anzutreffen, was in der Unterwasserwelt der Malediven beheimatet ist. Die Tauchschule steuert von Embudhu aus weiterhin 35 nahe gelegene Tauchspots an, die zu den attraktivsten des Süd-Male-Atolls gehören.

Badefreuden verspricht die flache Lagune im Süden und Westen von Embudhu, Schnorcheln und Schwimmen am Riffabfall im Süden und Osten erfordern wegen der auftretenden Strömungen einige Vorsicht. Schnorcheln kann man aber auch im leicht zugänglichen und strömungsfreien Korallengarten im Westen der Insel.

Die Zimmer wurden entlang des Strandes als Reihenbungalows angelegt, bis auf einige Standardzimmer sind alle Unterkünfte klimatisiert. Die Hotelanlage wurde zuletzt 2011/12 modernisiert. Ein netter Gag findet sich in den 16 Stelzenbungalows über dem östlichen Hausriff: **!** Durch ein Glasfenster im Boden kann man das Treiben im Riff bequem beobachten.

Das offene Nichtraucher-Restaurant und die Rezeption mit Fernsehecke liegen inmitten tropischer Zierpflanzen im zentralen, eine Bar mit Coffeeshop am westlichen Strandbereich.

Die Insel ist ein ideales Ziel für einen individuellen Tauchurlaub ohne lange Transferzeiten. Und obwohl sie bereits im Süd-Male-Atoll liegt, ist das nur 8 km entfernte Male für einen Besichtigungs- und Einkaufstrip schnell erreichbar.

Sport & Aktivitäten
Diverland-Tauchbasis (PADI, Nitroxtauchen), Windsurfen, Katamaransegeln, Wasserski. Tischtennis, Volleyball, Dart.

Ausflüge
Male-Shopping, Inselhüpfen, Schnorcheltrips.

Fihalhohi 10 [E/F2]

Fihalhohi Island Resort

Tel. 664 2903
www.fihalhohi.com.mv; €–€€
Karte: Seite 95
Größe: 250 × 450 m
Umrundung zu Fuß: 15 Min.
Flughafentransfer:
Schnellboot (1 Std.)

Die auch heute noch sehr naturbelassene Insel im südwestlichen Atollbereich entspricht rundherum der Idealvorstellung von einem tropischen Eiland, so malerisch ist sie mit fast 1000 Schatten spendenden

Malerisches Fihalhohi

Kokospalmen bewachsen. ▌ Im Norden liegt ein schöner Badestrand, die anderen Strände variieren – wie auf vielen Inseln der Malediven – jahreszeitlich bedingt.

Die kleine Lagune im Südwesten gehört ziemlich exklusiv den Surfern, nicht zuletzt deswegen hat sich auf Fihalhohi auch ein Windsurf-Ausbildungszentrum etabliert, das verschiedene Segel- und Surfkurse anbietet.

Taucher und Schnorchler finden in 30 m Distanz vor der Tauchbasis ein schönes Hausriff, das bis auf 30 m abfällt. Ein weiteres Hausriff mit Steilwand erreicht man von der großen Sandbank im Norden nach nur kurzer Schnorchelstrecke. Die Tauchplätze am westlichen Außenriff sind per Boot in 15 Minuten zu erreichen. ▌ Die hervorragend ausgestattete Tauchbasis hält auch Ausrüstungsgrößen für Kinder bereit.

Die 1982 gegründete Hotelanlage wurde ab 1998 einschließlich Restaurant, Tauchschule und Ayurveda-Spa komplett umgestaltet. Die 150 Zimmer in mit Palmstroh gedeckten Doppelbungalows und zum Teil auch in doppelstöckigen Gebäuden mit je vier Wohneinheiten fügen sich rings um die Insel im Palmenwald harmonisch in die Natur ein. Weitere Unterkünfte in Holzbauweise finden sich in den zwölf Wasserbungalows neueren Datums im Westen der Insel.

Die meisten Zimmer sind klimatisiert, alle verfügen über Deckenventilator und Süßwasserdusche (Entsalzungsanlage).

Restaurant, Bar und Ankunftsbereich befinden sich konzentriert am Südende des Eilands.

Sport & Aktivitäten
Tauchbasis Ocean Venture Diving (SSI, PADI, Nitroxtauchen, Kindertauchen), Windsurfen, Kitesurfen, Segeln, Wasserski, Kanuverleih. Beachvolleyball, Billard, Tischtennis. Ayurveda-Spa.

Ausflüge
Trips nach Male, zu Nachbarinseln und der Einheimischeninsel Guraidhoo, Delfinbeobachtung, Fotorundflüge.

Kandooma 11 [F2]

Holiday Inn Resort Kandooma Maldives

Tel. 664 0511
www.holidayinnmaldives.com; €€
Karte: Seite 95
Größe: 450 × 400 m
Umrundung zu Fuß: 25 Min.
Flughafentransfer:
Schnellboot (45 Min.)

Kandooma liegt unmittelbar neben der Einheimischeninsel Guraidhoo am östlichen Außenriff. Die »Mangroveninsel« hat eine üppige Vegetation. Das Eiland ist unregelmäßig geformt, kleine Buchten im Strandverlauf bieten immer neue Ausblicke auf die zauberhafte Insel- und Lagunenlandschaft. Die Anlage ist nach der Tsunami-Katastrophe mit neuem Konzept rundum erneuert und 2008 wieder eröffnet worden. Mit moderner Infrastruktur und frischem, naturverbundenem Design hat sie gegenüber dem alten Kandooma sehr gewonnen. Schon dieses war bekannt für sein gutes Preis-Leistungs-Verhältnis und die aufregenden Tauchplätze um das marine Schutzgebiet Guraidhoo-Kanal – beide Trümpfe sind weitgehend erhalten geblieben.

Die Insel hat kein Hausriff, es wird jedoch täglich eine kostenlose Schnorchelausfahrt angeboten. Der Strand ist in Richtung Außenriff von Korallenbruch durchsetzt, feinsandig ist der Bereich vor dem großen Pool und z. T. in den kleinen Buchten, wo man auch vor Wellen und Strömung gut geschützt in einer tiefen Bucht der Lagune schwimmen kann.

Das helle, freundliche Design der 160 Gästezimmer, einige als Wasserbungalows ausgeführt, spricht insbesondere ein junges Publikum an. In die gleiche Richtung zielt der auf der ganzen Insel bestehende WLAN-Internetzugang. Für Familien gibt es spezielle Villen mit erweitertem Platzangebot.

Drei Restaurants mit asiatischer und mediterraner Küche, drei Bars und eine Poolbar versorgen den großen und kleinen Hunger. Auch Kandooma leistet mit einem schön gelegenen Como Shambala Spa seinen Tribut an den allgemeinen Wellnesstrend.

Sport und Unterhaltung
Tauchbasis Euro Divers (PADI), Unterwasserhockey, Windsurfen, Kanuverleih. Fußball, Cricket, Fitnessraum, Spa. Open-Air-Kino am Strand.

Ausflüge

Schnorchelausflüge, Trips zur Einheimischeninsel Guraidhoo, Picknicks auf unbewohnten Inseln, Sonnenuntergangskreuzfahrten.

Olhuveli 12 [F2]

Olhuveli Beach & Spa Resort

Tel. 664 2788
www.sunsiyam.com; €–€€
Karte: Seite 95
Größe: 700 × 100 m
Umrundung zu Fuß: 30 Min.
Flughafentransfer:
Schnellboot (45 Min.)

Die ursprüngliche Taucherinsel, eigentlich eine mit Palmen und Büschen schön begrünte, sehr lange Sandbank inmitten einer riesigen Lagune am Rande des östlichen Außenriffs, hat sich mit den nach dem Tsunami erforderlich gewordenen Neubauten zu einem ansehnlichen Resort entwickelt – gehobener Standard in einer ! fast überirdisch anmutenden blauen Lagune. **50 Dinge** ㉕ › S. 15.

Wind spürt man fast immer, weswegen sich auf Olhuveli eine Kitesurfer-Schule etabliert hat. Natürlich ist die Lagune auch ein ideales Revier für Windsurfer und Katamaransegler.

Ein Hausriff zum Schnorcheln ist über einen 200 m langen Anlegesteg erreichbar, an dessen Ende auch die Tauchbasis liegt. Spannende Unterwasserbegegnungen garantierende Tauchgründe finden sich in den nahe liegenden Atollkanälen um Guraidhoo.

Direkt am meist breiten Strand locken zwei Infinity-Pools, die durch ihr nahezu gleiches Niveau mit dem Meeresspiegel das Gefühl vorgaukeln, im Meer zu schwimmen.

Da die Insel selbst sehr schmal ist, wurde ein Drittel der 164 Zimmer in Wasserbungalows untergebracht, die sich, aufgeteilt in zwei Ovale, harmonisch an die Insel anschließen. Dadurch entstehen für das Auge immer neue und interessante Eindrücke. Der andere Teil der Unterkünfte befindet sich im nördlichen Teil der Insel in zweistöckigen Bungalows mit Terrasse oder Balkon. Einige Villen an Land und in der Lagune sind besonders exklusiv ausgestattet und geräumig. Alle Unterkünfte sind klimatisiert, haben warmes Süßwasser, Sat-TV und IDD-Telefon. Man trifft sich an den Pools, an einer der drei Bars oder in einem der drei Restaurants am Strand. Wer sich so richtig verwöhnen lassen will, geht ins Sun Spa.

Sport und Unterhaltung

Tauchschule Sun International (PADI), Windsurfen, Kitesurfen, Katamaransegeln, Wasserski. Jetski, Tennisplatz, Fitnesscenter, Spa mit Sauna/Dampfbad. Bibliothek mit Internetzugang, Diskothek, Livemusik- und Karaoke-Abende.

Ausflüge

Male-Exkursion, Delfinbeobachtung, Schnorcheltrips, Fotorundflüge.

In der Nähe von Dhiffushi werden häufig Walhaie gesichtet

RASDHOO- UND ARI-ATOLL (ALIFU)

Kleine Inspiration

- **Walhaien und Mantas begegnen** im Süden des Atolls › S. 103
- **Schiffswracks erforschen** bei Ellaidhoo oder Mirihi › S. 105, 111
- **Auf einer unbewohnten Insel picknicken**, z. B. von Fesdu aus › S. 106
- **Einen ausgiebigen Strandspaziergang unternehmen** rund um die Insel Kuramathi › S. 110
- **Dinieren im Unterwasserrestaurant** von Rangalifinolhu › S. 114

Die Überfahrt kann etwas unruhig werden. Dafür locken unberührte Natur und traumhafte Strände. Das Atoll ist bekannt für erstklassige Tauchgebiete; Begegnungen mit Walhaien und Mantas sind hier keine Seltenheit.

Das 85 km lange und 30 km breite **Ari-Atoll** liegt 40 km westlich des Male-Atolls. Die Anreise mit dem Wasserflugzeug von Male dauert etwa eine halbe Stunde, ein Transfer mit dem Schnellboot (75–180 Min.) kann auch bei gutem Wetter anstrengend sein.

Insgesamt 82 Inseln in zwei Bezirken (Nord: Alifu Alifu; Süd: Alifu Dhaalu) gehören zum Verwaltungsbereich des Atolls – einschließlich der Inseln des kleinen **Rasdhoo-Atolls** (8 km nordöstlich) und der abseits gelegenen Insel Todhoo. Auf 18 bewohnten Inseln leben mehr als 22 000 Menschen, hauptsächlich vom Fischfang und Tourismus. Das Ari-Atoll wurde schon kurz nach dem Nord- und Süd-Male-Atoll mit Kuramathi als erster Hotelinsel für den Tourismus erschlossen und ist mit mittlerweile 29 Hotelinseln eines der am besten entwickelten Zielgebiete.

Hotelinseln im Rasdhoo- und Ari-Atoll

Angaga **1** [D3]

Angaga Island Resort & Spa

Tel. 668 0510
www.angaga.com.mv; €–€€
Karte: Seite 102
Größe: 150 × 350 m
Umrundung zu Fuß: 10 Min.
Flughafentransfer:
Wasserflugzeug (30 Min.)

Im südlichen Ari-Atoll gelegen, vermittelt das Barfuß-Inselchen mit seinem dichten Bewuchs aus Schatten spendenden Kokospalmen und Scaevolabüschen, einem **!** beson-

ders attraktiven, breiten Sandstrand an einer türkisblauen Lagune sowie den mit Palmstroh gedeckten Gebäuden und Rundbungalows besonders nachhaltig den Eindruck eines tropischen Inseldorfes. Der gegenüber dem Hausriff liegende Strand wird allerdings durch Strömung, Wind und Wellen zuweilen etwas angenagt – wie sich Sandstrände generell jahreszeitlich bedingt verändern können. Im Osten der bei Tauchern sehr beliebten Insel können sich auch Schnorchler am schönen Hausriff (30 m Entfernung) tummeln. Die große Lagune im Westen ist zum Schwimmen und für Wassersport jeglicher Art geeignet.

Die Hotelanlage, 50 idyllische Einzelbungalows am Strand sowie 20 luxuriöse Stelzenbungalows im Wasser an der Nordwestseite der Insel, wurde zuletzt 2010 renoviert. Alle Zimmer haben Klimaanlage, Süßwasserdusche und Kühlschrank. In der Nähe des Anlegestegs befinden sich die Rezeption, ein offenes Restaurant und eine Bar. Außerdem kann man sich im Coconut Spa verwöhnen lassen.

Die vorwiegend von Ruhe suchenden Gästen frequentierte Insel mit familiärem Flair ist bekannt als idealer Ausgangspunkt für Tauchgänge im südlichen Ari-Atoll mit einem breiten Wassersportangebot.

Stelzenbungalows auf Angaga

Sport und Unterhaltung
Sub Aqua-Divecenter (PADI, Nitroxtauchen), Wind- und Kitesurfen, Katamaransegeln, Wasserski. Tennisplatz (Flutlicht), Badminton, Volleyball, Dart, Fitnessraum, Spa. Disco, Folkloreabende.

Ausflüge
Schnorcheltrips, Ausflüge zu Inseln in der Umgebung.

Athuruga   [D2]

Athuruga Island Resort

Tel. 668 0508
athurugabeach.diamonds-resorts.com; €–€€
Karte: Seite 102
Größe: 230 × 250 m
Umrundung zu Fuß: 15 Min.
Flughafentransfer:
Wasserflugzeug (30 Min.)

Die kleine, mit Palmen und Mangroven bewachsene Insel liegt am Rande eines typischen Faru etwa in der Mitte des Ari-Atolls. Tauchexkursionen gehen ans östliche und westliche Außenriff sowie zu diversen Thilas in der Umgebung. Das Hausriff ist 20 bis 100 m entfernt, allerdings für Schnorchler nur bei hohem Wasserstand direkt zu erreichen; bei Niedrigwasser muss man durch die Riffplatte geschlagene Durchbrüche benutzen. Gute Bade- und Surfmöglichkeiten bietet die Lagune auf der westlichen Seite der Insel.

1990 eröffnete das beliebte Komforthotel für höchste Ansprüche unter italienischer Leitung mit einer ! viel gelobten mediterranen Küche. Die Gäste werden in 46 großzügigen Strandbungalows und in einer hübschen Wasserbungalowanlage mit 25 Einheiten untergebracht, alle mit Kühlschrank, Klimaanlage, Süßwasser warm/kalt und IDD-Telefon ausgestattet. Für Notfälle steht ein Inselarzt zur Verfügung. Entspannende Ayurveda-Massagen bietet das Spa.

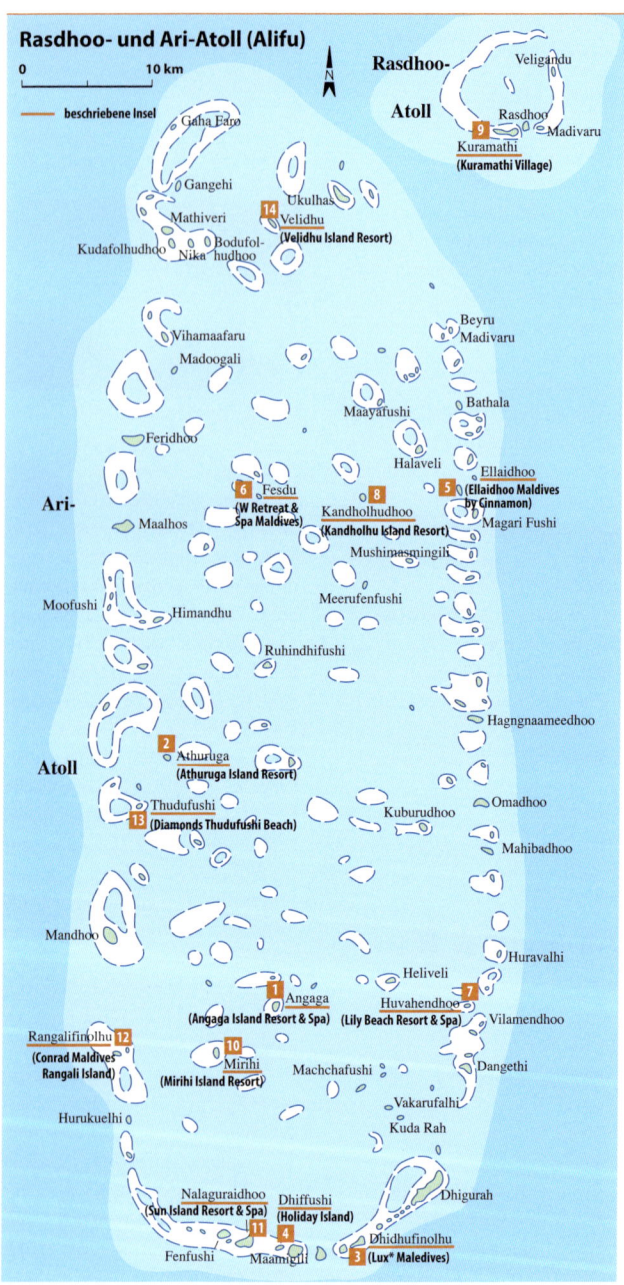

Rasdhoo- und Ari-Atoll (Alifu)

0   10 km

▬ beschriebene Insel

Rasdhoo-Atoll

Veligandu

Rasdhoo

Madivaru

9 Kuramathi
(Kuramathi Village)

Gaha Faro

Gangehi

Ukulhas

Mathiveri

14 Velidhu
(Velidhu Island Resort)

Bodufol-
Nika hudhoo

Kudafolhudhoo

Beyru
Madivaru

Vihamaafaru

Madoogali

Maayafushi

Bathala

Ari-

Feridhoo

Halaveli

Ellaidhoo

6 Fesdu
**(W Retreat &
Spa Maldives)**

8 Kandholhudhoo
(Kandholhu Island Resort)

5 (Ellaidhoo Maldives
by Cinnamon)

Magari Fushi

Maalhos

Mushimasmingili

Moofushi

Himandhu

Meerufenfushi

Ruhindhifushi

Hagngnaameedhoo

Atoll

2 Athuruga
(Athuruga Island Resort)

Omadhoo

13 Thudufushi
(Diamonds Thudufushi Beach)

Kuburudhoo

Mahibadhoo

Mandhoo

Heliveli

Huravalhi

1 Angaga
(Angaga Island Resort & Spa)

7 Huvahendhoo
(Lily Beach Resort & Spa)

Vilamendhoo

Rangalifinolhu **12**
**(Conrad Maldives
Rangali Island)**

10 Mirihi
(Mirihi Island Resort)

Machchafushi

Dangethi

Vakarufalhi

Hurukuelhi

Kuda Rah

Nalaguraidhoo
(Sun Island Resort & Spa)

Dhiffushi
(Holiday Island)

Dhigurah

11

4

Dhidhufinolhu

3 **(Lux* Maldives)**

Fenfushi

Maamigili

Sport und Unterhaltung

IDive Diving Center (PADI). Das Hotel bietet im All-inclusive-Paket gratis u. a.: Schnorchelausrüstung, Windsurfen, Kanuverleih, Laserjolle, Katamaransegeln, Wasserski (gegen Gebühr), Volleyball, Tischtennis. Abends Animation und Disco.

Ausflüge

Bootsausflüge zu einer Fischerinsel und zu unbewohnten Inseln, Schnorcheltrips tagsüber und auch nachts.

Dhidhufinolhu 3 [D3]

Lux* Maldives

Tel. 668 0901
www.luxresorts.com; €–€€
Karte: Seite 102
Größe: 1600 × 100 m
Umrundung zu Fuß: 60 Min.
Flughafentransfer:
Wasserflugzeug (35 Min.)

Wie ein grüner Pinselstrich liegt die Insel inmitten einer riesigen Lagune am Südostrand des Ari-Atolls, sehr lang und schmal, an manchen Stellen nur wenige Meter breit. Getrennt durch Sandbänke schließt sich in derselben Lagune nordöstlich die Einheimischeninsel Dhigurah an. Kokos- und Schraubenpalmen dominieren die Vegetation. Der flache Sandstrand und die fast korallenfreie Lagune bieten ideale Bedingungen zum Schwimmen, Windsurfen und Wasserskifahren. Ein Dhoni bringt Schnorchler mehrmals täglich zum 500 m entfernten Hausriff. Das nahe Außenriff sowie gute Tauchplätze an mehreren Thilas machen die Insel für Taucher interessant. ❗ Bekannt ist diese Gegend für Begegnungen mit Walhaien und Mantas.

Die früher als Ari Beach, White Sands Resort oder Diva Maldives bekannte weitläufige Anlage mit insgesamt 193 Zimmern in Land- und Wasserbungalows wurde 1989 eröffnet und 2016 von Grund auf umgebaut und modernisiert. Die 87 palmblattgedeckten Wasserbungalows am südlichen und nördlichen Ende der Insel erinnern von Weitem ein bisschen an die Deckhütten maledivischer Frachtsegler *(bathelli)*. Im Innern sind sie allerdings, ebenso wie die Strandbungalows, sehr komfortabel eingerichtet. Es macht Spaß, hier mit herrlichem Blick auf Insel und Lagunenlandschaft zu wohnen. Einige der Stelzenbungalows sind größer und für Familien gedacht. Das nördliche Water Village besitzt zudem ein eigenes Restaurant, ebenfalls auf Stelzen in die Lagune gebaut. Die übrigen Bungalows verteilen sich größtenteils entlang dem Strand an der Außen- und Innenriffseite.

Alle Zimmer verfügen über Terrasse, Klimaanlage und Süßwasserdusche. Etwas besser ausgestattet sind die geräumigen Strandvillen, z. T. mit eigenem kleinem Swimmingpool, ideal für Familien. Strandvillen und Wasserbungalows sind allerdings nur mit Kindern über 12 Jahre belegbar. Für Notfälle steht eine Erste-Hilfe-Station mit Arzt zur Verfügung. Kinder von 3

Hier geht's zum Restaurant des Luxusresorts auf Dhidhufindhu

bis 12 Jahren werden in einem sehr gut ausgestatteten Hort betreut.

Für das leibliche Wohl sorgen mehrere Haupt- und Themenrestaurants, Coffeeshops und Snackbars, für Entspannung das Coconut Spa. Wer Salzwasser scheut, findet Abkühlung in zwei Infinity-Swimmingpools. Kontakt mit der Außenwelt kann man via Internet in der Lounge halten.

Mit flach abfallenden Sandstränden und breitem Aktivangebot ist die Insel eine gute Wahl für die sportbegeisterte Familie.

Sport und Unterhaltung

Eurodivers-Tauchbasis (PADI, Nitrox- und Rebreathertauchen), Surf- und Segelschule, Wasserski, Wakeboarden, Windsurfen, Katamaransegeln, Kajakverleih. Beachvolleyball, Tischfußball, Tennisplatz (Flutlicht), Tischtennis, Badminton, Fitnesscenter, Spa. Discoabende, manchmal mit Livemusik.

Ausflüge

Inselhüpfen, u. a. zu Einheimischeninseln, Picknick auf Sandbänken, Schnorcheltrips tagsüber und auch nachts, Katamaransafari.

Dhiffushi 4 [D3]

Holiday Island Resort & Spa

Tel. 668 0011
www.villahotels.com; €
Karte: Seite 102
Größe: 150 × 800 m
Umrundung zu Fuß: 45 Min.
Flughafentransfer:
Schnellboot (2½–3 Std.),
Wasserflugzeug (35 Min.)

Der Inselname bedeutet »lange unbewohnte Insel«. Ganz im Süden am Außenriff gelegen, ist Dhiffushi die entlegenste Hotelinsel im Ari-Atoll. Sie besitzt einen reichen und gepflegten Bestand an Kokospalmen und tropischer Vegetation, breite Strände und eine große Lagune mit klarem Wasser, in dem Schwimmer und Segler ihrer Leidenschaft frönen können. Nur wenige Bootsminuten entfernt liegt die sehr viel größere Schwesterinsel Nalaguraidhoo › S. 112, deren Einrichtungen mitbenutzt werden können.

In der Nähe der Insel liegen **!** einige der schönsten Tauchplätze des Ari-Atolls; an einigen davon werden häufig Walhaie und Mantas gesichtet. Sie sind allerdings nur per Boot erreichbar, ebenso wie das 800 m entfernte Hausriff.

Die Hotelanlage mit sehr gutem Standard wurde 1994 eröffnet und bietet ein behagliches und geschmackvolles Ambiente besonders für Aktivurlauber. Ihre 142 Zimmer sind auf Einzel- und Doppelbungalows in Strandlage verteilt; zur Ausstattung gehören Klimaanlage, Minibar, Telefon, TV/Video und eine zusätzliche Süßwasserdusche im Außenbereich. Zwei Restaurants, ein Coffeeshop und mehrere Bars sorgen für das leibliche Wohl.

Sport & Aktivitäten
Villa Diving (PADI), Windsurfen, Katamaransegeln, Jollensegeln, Wasserski, Parasailing. Tennisplatz (Flutlicht), Fitnesscenter mit Sauna, Volleyball, Billard, Tischtennis.

Ausflüge
Tagesausflug mit Besuch verschiedener Inseln, zweimal täglich Schnorcheltrips per Boot, Delfin- und Walhai-Watching (saisonal), Fotorundflüge.

Ellaidhoo **5** [D2]

> **Ellaidhoo Maldives by Cinnamon**
>
> Tel. 666 0669
> www.cinnamonhotels.com; €
> **Karte:** Seite 102
> **Größe:** 350 × 200 m
> **Umrundung zu Fuß:** 15 Min.
> **Flughafentransfer:** Wasserflugzeug (25 Min.), Schnellboot (1½ Std.)

Am nordöstlichen Außenriff gelegen, ist die kleine Insel ein idealer Stützpunkt für Unterwasserenthusiasten. In diesem Bereich des Atolls liegen einige der besten Tauchplätze der Welt. Ellaidhoo ist mit Kokospalmen bewachsen und zum Teil von Sandstrand umgeben. Um das Wegspülen des Sandes auf der Strömungen und Wellen schutzlos ausgesetzten Insel zu verhindern, umgab man sie mit einer flachen Korallenmauer, sogar der Sandstrand wurde teilweise mit einem Steinsockel eingefasst. Trotz alledem ist das Korallenriff im oberen Bereich stark versandet.

Umgeben von einem steil auf 30 m Tiefe abfallenden, sehr nahen Hausriff mit großem Fischreichtum, ist die Insel seit der Eröffnung 1985 ein Magnet insbesondere für deutsche Taucher. **!** Ihre Attraktion ist ein Schiffswrack in 30 m Tiefe. Auch für Schnorchler ist das Hausriff, erreichbar über sechs mit Bojen gekennzeichnete Einstiege, ein idealer Tummelplatz. Allerdings können wegen der Außenrifflage starke Strömungen auftreten. Für unerfahrene

Ellaidhoo ist beliebt bei Unterwasserenthusiasten

Schwimmer ist der Bereich innerhalb der Korallenmauer besser geeignet, alternativ kann man sich im Swimmingpool erfrischen.

Die Insel, auf der 2017 Renovierungsarbeiten im Gang waren, bietet derzeit Unterkunft in insgesamt 112 Zimmern, davon 46 klimatisierte Einzelbungalows und 28 Zimmer in doppelstöckigen Reihenbungalows. An der mit 120 m breitesten Stelle der Lagune wurden zudem 24 Wasserbungalows gebaut. Ein Restaurant in offener Bauweise, ein À-la-carte-Restaurant und zwei Bars sind die beliebtesten Meetingpoints der Insel.

Sport & Aktivitäten
Dive & Sail Tauchbasis (PADI), Segeln, Surfen, Jetski. Volleyball, Badminton, Tischtennis, Tennis- und Fußballplatz. Fitnesscenter, Spa.

Ausflüge
Picknick auf unbewohnter Insel, Male-Exkursion, Ausflug zu den Fischerinseln Hagngnaameedhoo oder Rasdhoo.

Fesdu 6 ⭐ [D2]

W Maldives
Tel. 666 2222
www.wmaldives.com; €€–€€€
Karte: Seite 102
Größe: 240 × 210 m
Umrundung zu Fuß: 10 Min.
Flughafentransfer:
Wasserflugzeug (25 Min.)

Fesdu, ein verträumtes Eiland mit schönem Bewuchs, breitem Sandstrand und imposantem Hausriff im nördlichen Ari-Atoll wurde in früheren Jahren als Geheimtipp unter Tauchern gehandelt.

Die zuletzt 2015 renovierte Insel hat sich zum Edelresort gewandelt: gehobener Lifestyle in 28 einstöckigen Landbungalows und 48 Wasservillen, die sich in der Lagune in einem Doppelbogen entlangreihen. Jeder der Bungalows hat mit 146 bis 492 m² die Wohnfläche eines Einfamilienhauses und bietet unaufdringlichen Luxus, jeweils mit kleinem Swimmingpool samt Jacuzzi. Die elegante Einrichtung aus natürlichen Materialien umfasst TV samt DVD-Recorder sowie eine Filmbibliothek. Auf der gesamten Insel besteht WLAN-Internetzugang.

Minimalistisch und doch aussagekräftig sind die Namen der sechs Restaurants und Bars: So wird im »Fire« Gegrilltes und im »Fish« Fangfrisches aus dem Meer serviert. Die Namen der Cocktailbars »Wet« am Pool sowie »Sip« am Strand bedürfen keiner weiteren Erklärung. Entspannende Stunden genießt man im auf Stelzen in die Lagune gebauten Spa »Away« oder im coolen unterirdischen Nachtklub »15 Below«, zu dem man über 15 Stufen hinabsteigen muss. **50 Dinge** ⑧ › S. 13.

Die Insel hält ein großes Spektrum an Sport & Aktivitäten bereit, eine sehr gut ausgestattete Tauchbasis bietet Ausflüge zu den berühmten Tauchspots sowie zum nahen Fesdu-Wrack und sogar weiter bis ins Rasdhoo-Atoll zum Hammerhead Point › S. 38. Das nur 20 m entfernte eindrucksvolle Hausriff ist an zwei Dritteln des Inselumfangs für Taucher und Schnorchler gut erreichbar. Eine meeresbiologische Station steht als Infopool bereit.

Und wer gerne die Landessprache erlernen möchte, kann einen Sprachkurs in Dhivehi belegen. Insgesamt ist Fesdu keine Insel für jedermann, aber ganz sicher ein Zufluchtsort für betuchte Individualisten sowie Honeymooner jeden Alters.

Sport & Aktivitäten

Tauchschule Down Under (PADI; Rebreather- und Nitroxtauchen), Kitesurfen, Wasserski, Windsurfen, Katamaransegeln, Parasailing, Kajakverleih, Wasseraerobic. Billard, Fitnesscenter.

Ausflüge

Exkursion mit einem Meeresbiologen zu einem Riff, privates Picknick auf unbewohnter Insel.

Huvahendhoo

7 ⭐ [D/E3]

Lily Beach Resort & Spa

Tel. 668 0013
www.lilybeachmaldives.com; €€€
Karte: Seite 102
Größe: 100 × 550 m
Umrundung zu Fuß: 25 Min.
Flughafentransfer:
Wasserflugzeug (25 Min.)

Auf dieser Insel hat 2009 ein Generationenwechsel stattgefunden: Die Hotelanlage wurde völlig umgestaltet: In modern-natürlichem Design und mit dem neuen, »Platinum Plan« genannten All-inclusive-Konzept reihte man sich als erstes 5-Sterne-Hotel an vorderster Stelle in die Rangliste der maledivischen Luxusresorts ein.

Am Südostrand des Ari-Atolls gelegen, wird das schmale Riffplateau, auf dem die Insel thront, an zwei Seiten von Riffkanälen umströmt. Dadurch herrschen am nur 15–30 m entfernt gelegenen Hausriff sehr gute Bedingungen für Schnorchler (Ausrüstung kostenfrei an der Rezeption erhältlich) und passionierte Taucher. Die frühere Schutzmauer vor der Insel wurde bis auf einen kleinen Rest entfernt und durch Molen ersetzt, über die man das Hausriff an über und unter Wasser markierten Stellen gut erreichen kann. Huvahendhoo ist im Übrigen üppig mit tropischer Buschvegetation bewachsen und auf der Südseite kaum von Sandstrand umgeben. An den Schmalseiten läuft die Insel in Sandbänken aus, dort kann man weitgehend ohne Strömung in der flach abfallenden Insellagune baden. Zudem befinden sich an beiden Inselenden Swimmingpools mit jeweils angeschlossener Bar.

Bei der Ausführung der neuen Anlage verwendete man viel Holz und Naturstein; der Baustil lehnt sich an den Open-Concept-Stil maledivischer Häuser an. Gut die Hälfte der insgesamt 119 klimatisierten Zimmer wurde an Land als Strandvillen ausgeführt, die andere Hälfte am westlichen Ende der schmalen Insel als Wasserbungalows. Auf der Südseite stehen einige halb ins Wasser gebaute Lagunenbungalows.

Zwei Restaurants und eine Strandbar sorgen für das leibliche Wohl der Gäste. Auf der ganzen Insel besteht WLAN-Zugang. **!** Die sieben Behandlungspavillons des Spa wurden auf Stelzen über dem Wasser errichtet und bieten einen schönen Blick über die Lagune.

Die Insel ist eine gute Ausgangsbasis für Ausflüge zu den spektaku-lären Tauchplätzen im Süden des Atolls, auch Schnorchler können an Bootstouren zu nahe gelegenen Riffen teilnehmen, an denen sich Mantas beobachten lassen. Die Tauchbasis bietet auch für Kinder Tauchkurse an. Überhaupt ist die Insel mit Kinderbecken, Spielplatz und Tagesbetreuung bei wechselnden Freizeitthemen gut auf die Belange von Kindern eingestellt.

Sport & Aktivitäten
Ocean Pro-Tauchschule (PADI), Windsurfen, Katamaransegeln, Kanuverleih, Bananaboating. Beachvolleyball, Tennisplatz (Flutlicht), Billard, Tischtennis. Fitnessraum, Spa.

Ausflüge
Schnorcheltrips, Ausflüge zu Fischerdörfern und unbewohnten Inseln.

Kandholhu **8** [D2]

Kandholhu Island Resort

Tel. 666 0527
www.kandolhu.com; €€
Karte: Seite 102
Größe: 230 x 140 m
Umrundung zu Fuß: 15 Min.
Flughafentransfer:
Wasserflugzeug (20 Min.)

Das winzige Inselchen mit wunderschönem Palmenbewuchs und breitem Sandstrand liegt im nördlichen Teil des Atolls etwa in der Mitte zwischen Ellaidhoo und Fesdu. Kaum auf den Seekarten zu finden, spiegelt es doch in idealer Weise die

Auch für Schnorchler ein Paradies

Vorstellung von einer Robinsoninsel auf Zeit wider. Die 2014 renovierte Insel ist in Prospekten großer Reiseveranstalter kaum zu finden: Die 19 Strandbungalows sind von verschiedener Größe und unterschiedlichem Styling, z. T. als Doppelbungalow ausgeführt; auch elf Wasserbungalows, alle mit Palmstroh gedeckten Dächern und in gehobener Ausstattung, weist die Insel an Unterkünften auf.

Es gibt auf dieser Barfußinsel alles, was das Urlauberherz begehrt: vier Restaurants und Bar am Strand, ein Spa- und Wellnesscenter samt Fitnessraum und – ungewöhnlich für ein Inselresort dieser Größe – sogar die bei Tauchunfällen so wichtige Druckkammer, die im Ernstfall von den Tauchärzten auf Kuramathi betreut wird.

Das Hausriff mit seinem bis vor wenigen Jahren intensiven Korallenwachstum liegt nur wenige Meter vor dem Strand und ist durch einige Durchbrüche oder über Stege gut erreichbar. Allerdings hat das Riff, das Insider lange als eines der schönsten auf den Malediven bezeichneten, durch Übertauchung stark gelitten. Es wird auch von anderen Hotelinseln aus besucht, was leider nicht von Vorteil ist. Die bewunderten großen Tischkorallen sind weitgehend verschwunden, Großfische kann man aber immer noch beobachten. Ein Geheimtipp für Taucher ist die Insel daher bis auf Weiteres nicht mehr.

Ein besonderes Highlight ist das vor der Insel ankernde **!** Segel-Safariboot »Ari Explorer«, das Inselgästen exklusiv für Tagestouren zur Verfügung steht. Für Tauchexkursionen ist die Insellage ideal, können doch von hier viele berühmte Tauchplätze des Atolls nach nur kurzer Fahrt erreicht werden.

Sport & Aktivitäten
Tauchschule Seastar Divers (PADI, Nitroxtauchen). Fitnesscenter, Sauna, Spa, Yoga.

Ausflüge
Halb- und Ganztagesausflüge mit dem Segel-Safariboot.

Auf Kuramathi lädt eine endlos lange Sandbank zu Spaziergängen ein

Kuramathi 9 [D/E1]

Kuramathi Village

Tel. 666 0527
www.kuramathi.com; €€–€€€
Karte: Seite 102
Größe: ca. 2200 × 400 m
Umrundung zu Fuß: 1½ Std.
Flughafentransfer: Schnellboot
(1½ Std.), Wasserflugzeug (20 Min.)

Fast wie das Tüpfelchen auf dem i und ein bisschen vergessen liegt das mit 9 km Durchmesser sehr kleine Rasdhoo-Atoll an der Nordostecke des Ari-Atolls. **50 Dinge** ⑨ › S. 13. Mit den drei schmalen Öffnungen entspricht es nahezu perfekt der Definition eines Atolls als einer von einem Korallenring umschlossenen Lagune. Von den wenigen Inseln ist nur Rasdhoo bewohnt, auf zwei Inseln gibt es Hotelanlagen.

Für maledivische Verhältnisse ist Kuramathi ungewöhnlich groß und mit dichtem Grün überzogen. Hohe Kokospalmen und ein mächtiger Banyanbaum bestimmen das Bild. Die Insel liegt unmittelbar am Außenriff ganz im Süden des Atolls, das nahe (50 m), korallenreiche Hausriff mit oft starker Strömung ist Anziehungspunkt für Fische und Ziel von Tauchern und Schnorchlern. Weitere Tauchplätze wie das berühmte Hammerhai-Rudel am Außenriff bei Madivaru sind mit dem Boot schnell zu erreichen. ❗ Auf der Insel befindet sich eine ganzjährig besetzte meeresbiologische Station, die interessierten Gästen Wissenswertes über die Ökologie der Korallenriffe vermittelt. Es gibt zwei Tauchschulen sowie ein tauchmedizinisches Zentrum mit großer Dekokammer unter ärztlicher Betreuung, die auch für allgemeine Notfälle zur Verfügung steht.

Segelaktivitäten sind in der Atolllagune im Norden möglich, doch muss auf flache Korallenbänke geachtet werden. Nur durch einen schmalen Kanal von Kuramathi getrennt ist die interessante Einheimischeninsel Rasdhoo, die tagsüber besucht werden kann.

Die über die Insel verteilten, inzwischen zu einer Anlage zusammengefassten 290 Bungalows und Villen wurden 2015 renoviert. Angeboten werden neun nach Design und Komfort unterschiedliche Zimmerkategorien. Alle Hotelbereiche sind durch Fußwege miteinander verbunden. Fußfaule können auf einen Shuttle-Service mit Elektro-Buggies zurückgreifen. Im Bereich der breitesten Stelle im Osten der Insel liegen die meisten der Strandbungalows, Wasserbungalows findet man an der Südseite und am westlichen schmalen Ende der Insel.

Neun Restaurants, darunter auch drei à la carte (indisch, Thai, italienisch) sowie sechs um die Insel verteilte Bars sorgen für das leibliche Wohl. Relaxen kann man gut an den beiden großen Süßwasserpools. Für Internetfreaks gibt es WLAN (im öffentlichen Bereich), für Bücherwürmer zwei Bibliotheken. Wegen der Größe ist Kuramathi ideal für Kinder mit Bageecha-Kinderklub und einem großen Spielplatz.

Sport und Unterhaltung

Tauchbasis **Rasdhoo Atoll Divers** (PADI, NAUI, CMAS), Surf- und Segelschule, Katamaranverleih. Tennisplatz mit Flutlicht, Tischtennis, Volleyball, Dart. Fitnessraum und Spa vorhanden. Präsentationen der meeresbiologischen Station.

Ausflüge

Besuch der Einheimischeninsel Rasdhoo, Inselhüpfen, Schnorcheltrips.

Mirihi 10 ⭐ [D3]

> **Mirihi Island Resort**
>
> Tel. 668 0500
> www.mirihi.com; €–€€
> **Karte:** Seite 102
> **Größe:** 300 × 80 m
> **Umrundung zu Fuß:** 10 Min.
> **Flughafentransfer:**
> Wasserflugzeug (30 Min.)

Mirihi liegt im Südwesten des Ari-Atolls, vom westlichen Außenriff 30 Bootsminuten entfernt. Das Barfußinselchen für Ruhe suchende Individualisten bietet neben breiten Sandstränden und einer weiten Badelagune im Südwesten auch ein leicht zugängliches Riff mit kleinem Wrack in 30 bis 100 m Entfernung. Die Lagune im Westen eignet sich bestens zum Schwimmen und Surfen. Seit Herbst 2000 hat das Hausriff Mirihis eine besondere Attraktion zu bieten: In 22 m Tiefe verspricht das ❗ Wrack eines Fischtrawlers mit vielen ansässig gewordenen Fischen spannende Tauchgänge.

Das Mirihi Island Resort ist ein hervorragendes Beispiel dafür, wie auf einem Inselchen mit begrenzter Landfläche naturgerecht eine komfortable Ferienanlage auch für verwöhnte Ansprüche betrieben werden kann. Um den Palmen- und Buschbestand der Insel weitgehend zu erhalten, hat man im Norden und Westen die 30 komfortablen Pfahlbauten in der Lagune platziert. Mit sechs weiteren Landbungalows stehen den Gästen insgesamt 36 geräumige und exklusive Zimmer zur Verfügung. Strandrestaurant, Bar und ein À-la-carte-Restaurant in der Lagune, erreichbar über einen Steg, sind beliebte Treffpunkte.

Die 2014 neu gestaltete Anlage besticht neben der exklusiv-privaten Atmosphäre mit vorzüglichem Service auch durch ihre moderne Tauchbasis, ein kleines Fitnesscenter und ein Spa. Und wer auf seinen Laptop nicht verzichten kann: Mirihi bietet WLAN-Internetzugang.

Sport & Aktivitäten
Ocean Pro-Tauchbasis (PADI, Nitroxtauchen), Windsurfen, Kajakverleih. Volleyball, Tischtennis, Badminton. Fitnesscenter, Spa.

Ausflüge
Besuch von Nachbarinseln, Schnorchelexkursionen, Segeltrips.

Barterrasse auf Mirihi

Nalaguraidhoo 🔢 [D3]

Sun Island Resort

Tel. 668 0088
www.sun-island.com; €
Karte: Seite 102
Größe: 440 × 1600 m
Umrundung zu Fuß: 60 Min.
Flughafentransfer:
Wasserflugzeug (35 Min.);
Schnellboot (150 Min.)

Das maledivische Wort *Nala* bedeutet »schön«, und das ist die Lage dieser Insel im Süden des Atolls allemal. Die eher für Aktivurlauber und Familien geeignete große Ferienanlage mit 420 Zimmern wurde 2016 renoviert. In derselben Lagune liegen die nur 10 Bootsminuten entfernte Schwesterinsel Dhiffushi › S. 104 und die Einheimischeninsel Maamigili.

Aufgrund der Konzentration großer Hotelanlagen in diesem Atollabschnitt wurde auf Maamigili ein Flughafen eröffnet. Der Villa International Airport Maamigili wird von den Wasserflugzeugen von Flyme (Villa Air) bedient.

Geboten wird auf der Insel Vieles, ❗ von der größten Poollandschaft der Malediven (1800 m²) mit Kinderbecken und Wasserfall über Tennisplätze (Flutlicht) bis zu Friseur- und Spielsalon, Fotoshop, Boutique und den beliebten Einrichtungen für Fitness und Körperpflege. Eine Inselklinik unter ärztlicher Leitung samt Apotheke steht bei kleinen und großen Notfällen zur Verfügung. Bei diesem Angebot vergisst man fast, dass die Insel in einer tropischen Lagune liegt, umgeben vom breiten Sandstrand und türkisblauem Wasser.

Untergebracht werden die Gäste in geräumigen Doppelbungalows entlang des Strandes, gut ausgestattet mit Klimaanlage, TV und Minibar. Die Inselwege sind gepflastert, aufgrund der großen Entfernungen stehen (gegen Gebühr) Fahrräder zur Verfügung. Vorsicht: Es herrscht Linksverkehr!

In der Lagune wurde eine Kette von 72 Wasserbungalows mit Terrassen angelegt. Willkommene Abkühlung bieten die Außenduschen an den Bungalows. Sechs Restaurants und vier Bars sorgen rund um die Uhr fürs leibliche Wohl.

Über einen 200 m langen Steg erreicht man die auf einer kleinen vorgelagerten Insel gelegene Tauchbasis und damit auch erste Korallenformationen. Doch macht es mehr Sinn, an den Fahrten zu den vielen schönen Tauchplätzen hier im Süden des Atolls teilzunehmen, u.a. mit fast sicheren Walhai-Begegnungen am Außenriff. Die Tauchbasis ist, was Personal und Ausrüstung betrifft, der hohen Gästezahl entsprechend sehr gut ausgestattet.

Sport und Unterhaltung

Tauchbasis **Little Mermaid** (PADI), Windsurfen, Katamaransegeln, Wasserski. Squash, Billard, Tennisplätze, kleiner Golfplatz, Volleyballhalle. Fitnesscenter, Aerobic, Spa. Spielautomaten, Internetcafé, Disco.

Ausflüge

Schnorchelexkursionen, Delfin- und Walhai-Beobachtung, Besuch von Einheimischeninseln, Robinsontour zu unbewohnten Inseln.

Rangalifinolhu

 [D3]

Conrad Maldives Rangali Island

Tel. 668 0629
www.conradmaldivesrangali.com;
€–€€€
Karte: Seite 102
Größe Rangalifinolhu:
450 × 250 m
Größe Rangali: 700 × 80 m
Umrundung zu Fuß:
30 bzw. 20 Min.
Flughafentransfer:
Wasserflugzeug (35 Min.)

Die Insel mit der dazugehörigen Satelliteninsel Rangali liegt im äußersten Südwesten des Atolls, geschützt inmitten einer großen Lagune. Die Hotelanlage erstreckt sich über beide Inseln, verbunden durch einen 500 m langen Steg, zusätzlich verkehrt ein Shuttleboot. Die zwischen den beiden Inseln liegende tiefe und korallenfreie Lagune ist bestens für Schwimmer und Wassersportler geeignet, Schnorchler erreichen von der Hauptinsel aus nach 150 m erste Korallenformationen.

Die Insel war bei Tauchern schon immer beliebt, nur wenige Bootsminuten entfernt liegt der berühmte Tauchplatz Madivaru, wo man wäh-

Thudufushi lockt mit einem nur 20 m entfernten Hausriff

rend des Nordost-Monsuns oft großen Mantarochen begegnet. Trockenen Fußes kann man die
Unterwasserwelt mit dem kleinen
U-Boot »Nemo« erleben, das bis zu
30 m tief taucht und drei Personen
Platz bietet.

Die von der Hilton-Gruppe be-
triebene Lifestyle-Anlage unter
deutscher Leitung und mit deut-
schem Personal besticht durch die
breiten Sandstrände und die interessante Aufteilung in Landbungalows
und Wasservillen. Die 79 Strandbungalows auf der Hauptinsel Rangalifinolhu mit besonders großzügigen Wohnflächen von 150 bis
300 m² haben eine Terrasse zur
Meerseite und zum Teil auch einen
privaten Pool. An die Hauptinsel
schließt sich das Spa Village mit
21 Wasservillen samt eigenem Spa-
Pavillon und Wellnessrestaurant an,
allesamt auf Stelzen in die Lagune
gebaut. 2014 erfolgte eine umfassende Renovierung.

Die Schwesterinsel Rangali beherbergt 50 verschieden große Wasservillen, locker in kleinen Gruppen

entlang des Strandes angeordnet
samt eigenem Restaurant und Spa.
Garantiert ungestörte Privatsphäre
bietet ein Aufenthalt abseits in der
Lagune in einer der beiden riesigen
Sunset-Wasservillen mit Glasboden, drehbarem Bett, Heimkino
und Butler, erreichbar per Boots-
shuttle.

Verwöhnt wird der Gast in sechs
Restaurants – eines davon liegt 5 m
unter dem Meeresspiegel und bietet
einen **!** 180°-Blick durch eine Ple-
xiglaskuppel in die Unterwasserwelt – und drei Bars. Neu hinzugekommen ist mit dem Ufaa das erste
Restaurant mit authentisch-chinesi-
scher Spitzenküche. Im Open-Air-
Kino am Strand kann man manchen
Hollywood-Klassiker unter tropi-
schem Sternenhimmel genießen.

Ein Infinity-Pool vermittelt die
Illusion, in einem grenzenlosen
Süßwassermeer zu baden. Er besitzt
ein separates Kinderbecken. Kinder
im Alter von 3 bis 12 Jahren werden
tagsüber durch qualifizierte Erzie-
her betreut. Und bei Notfällen ist
der inseleigene Arzt behilflich.

Sport & Aktivitäten

Sub Aqua-Tauchbasis (PADI, NAUI, CMAS, Nitroxtauchen), Windsurfen, Katamaransegeln, Kanu- und Tretbootverleih, Jetski, Wasserski, Parasailing, Glasbodenboot. Tennisplatz, Volleyball. Wellnesszentrum und Fitnessraum.

Ausflüge

Schnorcheltrips mit dem Speedboot oder Dhoni, Besuch von Fischerinseln, Delfin- und Walhai-Beobachtung, Ausflüge mit der hoteleigenen Jacht.

Thudufushi 13 [D2]

Diamonds Thudufushi Beach

Tel. 668 0583
www.thudufushibeach.
diamondsresorts.com; €€€
Karte: Seite 102
Größe: 250 × 200 m
Umrundung zu Fuß: 15 Min.
Flughafentransfer:
Wasserflugzeug (20 Min.)

Der besondere Reiz des Ari-Atolls besteht in den vielen kleinen Inseln mit schönen Sandstränden – Thudufushi ist eine davon. Umgeben von Sandbänken und weiteren Eilanden, liegt die Insel etwas abseits am Rande eines Faru mit großer Lagune, nahe am östlichen Außenriff. Was Thudufushi interessant macht, ist das nach Osten gerichtete, gut erreichbare Hausriff in nur 20 m Entfernung. Der Sandstrand rund um die Insel verändert sich immer wieder mal – je nach Wind- und Strömungsverhältnissen.

Die beliebte All-inclusive-Insel kam längere Zeit noch ohne Wasserbungalows aus. Seit 2010 »verschönern« aber 25 Einheiten dieser maledivischen Erfindung einer ausufernden Hotellerie das Bild von Insel und Lagune. Die 47 Bungalows, bis auf sieben einzeln stehende Unterkünfte als Doppelbungalows ausgeführt, reihen sich gut unter den Palmen platziert am Strand. Die Anlage wurde jüngst umfangreich renoviert. Die klimatisierten Zimmer besitzen eine elegante Ausstattung, eine Wohltat im tropischen Klima sind die sichtgeschützten Open-Air-Bäder.

Ein italienisches Restaurant und zwei Bars machen den Aufenthalt auf dieser hübschen Insel auch kulinarisch zu einem Erlebnis. Angesichts ihrer geringen Größe ist es überraschend, dass eine Krankenstation mit Arzt zur Verfügung steht. Die Hotelanlage ist ein gutes Beispiel dafür, wie man eine kleine Insel mit dem richtigen Konzept auch ohne abgehobenen Luxus zum attraktiven Urlaubsziel machen kann.

Die Lage der Insel weit »draußen« und das intime Ambiente sowie das Dienstleistungsangebot machen sie zum idealen Ziel für Honeymooner jeden Alters.

Sport & Aktivitäten

IDive Diving Center (PADI), Windsurfen, Katamaransegeln, Schnorcheln, Kanuverleih. Volleyball, Tischtennis. Spa, Aerobic.

Ausflüge

Robinsontrips zu unbewohnten Inseln, Einheimischeninsel, Schnorcheltrips.

! **Erst-**
! **klassig**

Die romantischsten Hochzeitsarrangements

• Der Urlaub im **Angaga Island Resort** beginnt mit Schokoladen-massage, Stranddinner und Dhonifahrt bei Sonnenuntergang und endet mit dem Pflanzen eines Baumes › S. 100.

• Zum Paket des **Lux* Maledives** auf Dhidhufinolhu gehören u. a. das Eheversprechen in traditionellen maledivischen Gewändern, ein intimes Mahl auf einer unbewohnten Insel und eine Paarbehandlung im Spa › S. 103.

• Das intime **W Maldives** auf der kleinen Insel Fesdu ist mit seinem edlen Ambiente die ideale Umgebung für unvergessliche Verlobungs- und Hochzeitsfeiern › S. 106.

• Flitterwöchner werden im **Thudufushi Beach** bei Ankunft mit einer kleinen Aufmerksamkeit bedacht, danach bleibt die traute Zweisamkeit ungestört › S. 115.

• Im **Kanuhura Resort** warten intime Wasserbungalows mit Himmelbett und Blick auf die blaue Lagune. Von der blickgeschützten Terrasse führt eine Treppe direkt ins Wasser › S. 127.

• Das **Angsana Resort & Spa Velavaru** bietet nicht nur einen blendend weißen Traumstrand, auch auf einem einsamen Inselchen oder gar unter Wasser kann man sich ewige Treue schwören › S. 145.

Velidhu 14 [D1/2]

Velidhu Island Resort

Tel. 666 0551
www.velidhu.com.mv; €
Karte: Seite 102
Größe: 350 × 300 m
Umrundung zu Fuß: 15 Min.
Flughafentransfer: Speedboot
(2 Std.), Wasserflugzeug (20 Min.)

Die früher auch als Avi Island bekannte Insel mit einem nahe entlang der Südseite verlaufenden schönen Hausriff liegt am Rande eines kleinen Faru mit geschlossener Lagune. ! Einige der besten Tauchplätze für Mantas und Haie, wie Ukulhas und Maayafushi Thila › S. 38, liegen hier im Norden des Atolls – einer der Gründe, warum die legere und doch komfortable Insel zu einem bekannten Ziel für Sporttaucher geworden ist. Das 50 m entfernte, auch bei Ebbe über einen Durchbruch erreichbare Hausriff ist ein beliebtes Ziel zum Schnorcheln und Tauchen. Der tiefere Teil der geschützten Lagune bietet dagegen beste Voraussetzungen zum Windsurfen und Segeln.

Die Insel ist hübsch bewachsen und gepflegt (allerdings Mückenproblem); entlang des Strandes wurde sie recht dicht mit 80 eingeschossigen, kreisrunden Bungalows mit Palmstrohdach bebaut, teilweise in Doppelreihen. Die Zimmer sind einfach, aber sehr ansprechend eingerichtet. Sie verfügen über Minibar, Klimaanlage und Deckenven-

Sundowner zum Sonnenuntergang im Ari-Atoll

tilator. Daneben gibt es zehn Wasser-Doppelbungalows mit etwas aufwendigerer Ausstattung, die abseits der Insel in der Lagune mehr Privatsphäre bieten. Vier davon besitzen einen privaten Jacuzzi. Das Nordende der Insel ist als Standort für die Wasserbungalows gut gewählt, sorgt hier doch der Monsunwind, gleich aus welcher Richtung wehend, stets für Kühlung.

Die Insel besitzt einen schönen Sandstrand, der sich – wie es bei vielen maledivischen Inseln zu beobachten ist – bedingt durch Strömungen und Wellen verändern kann. Um dies zu verhindern, versucht man einen großen Teil des Strandes im Nordosten der Insel durch Wellenbrecher im Flachwasser zu schützen, was dem optischen Erscheinungsbild einen gewissen

Abbruch tut. Eine ausgesprochen angenehme Einrichtung sind die am Strand installierten Süßwasserduschen.

Barbecue-Grill, Shop, Freiluftrestaurant und Sportzentren liegen konzentriert in Strandnähe im südlichen Inselbereich. Ein Spa-Center bietet Beauty Packages, Massagen und ayurvedische Behandlungen.

Sport & Aktivitäten
Tauchbasis Euro Divers (PADI, Nitroxtauchen), Wasserski, Wakeboarden, Windsurfen, Katamaransegeln, Kanuverleih. Volleyball, Tischtennis.

Ausflüge
Inselhüpfen, Ausflug zu Einheimischeninsel, Picknick auf unbewohnter Insel, Delfin- und Manta-Beobachtungen, Schnorcheltrips.

NÖRDLICHE ATOLLE

Kleine Inspiration

- **Sein Nachtlager auf einer unbewohnten Insel aufschlagen,** z. B. von Horubadhoo aus › S. 123
- **Das beeindruckende Farbenspiel des Wassers bewundern** beim Anflug auf das Nord-Male-Atoll › S. 124
- **Zu einer Schnorchelexkursion aufbrechen** mit dem Dhoni von Guradu aus › S. 126
- **Einen Gleitschirmflug unternehmen** über die Bilderbuchlagune von Kuredhoo › S. 130
- **Maledivische Geschichte erkunden** auf der Insel Utheemu › S. 50, 82, 137

Das Wasserflugzeug hat diese Atolle in erreichbare Nähe gerückt. Hier ist es wirklich einsam, nur wenige Inseln sind bewohnt. Im Baa-Atoll wird ein Großteil des Kunsthandwerks hergestellt, das man im Land bekommt.

Die Atolle **Raa** und **Baa** (Nord- und Süd-Maalhosmadulu) gehören zum 108 × 35 km großen Maalhosmadulu-Atoll, sind aber durch den 4 km breiten Moresby-Kanal geografisch und administrativ voneinander getrennt. Im Raa-Atoll mit seinen 88 Inseln, davon 15 bewohnt mit 30 000 Menschen, gibt es derzeit nur zwei Hotelanlagen, vier weitere sollen folgen. Das etwas näher an Male gelegene Baa-Atoll im Süden umfasst 75 Inseln, rund 12 000 Menschen leben auf 13 davon, Hotelresorts gibt es auf neun Eilanden, weitere sind geplant. Das Atoll befindet sich hinsichtlich des Fremdenverkehrs noch im Aufbruch. Wer als touristischer Pionier noch recht ursprüngliche Inseln und von wenigen Tauchschulen frequentierte Tauchgründe erforschen will, ist hier goldrichtig.

Mit 35 km Durchmesser ist das **Lhaviyani-Atoll** (Fadiffolu) eines der kleinsten der Malediven. Die meisten Inseln sind mit dichter Vegetation bewachsen und liegen, was ungewöhnlich ist, ohne Ausnahme auf dem Atollrand, also am Außenriff. Obwohl dieses landschaftlich sehr schöne Atoll mit 52 Inseln aufwarten kann, zwängen sich auf nur fünf Inseln über 12 000 Menschen zusammen, davon 8500 auf den bei-

den Inseln Naifaru und Hinnavaru. Bis heute wurden fünf Inselhotels der gehobenen Kategorie eröffnet, weitere Resorts sind in Planung.

Das **Noonu-Atoll** (Süd-Miladhunmadulu) wurde erst 2008 mit zwei Hotelanlagen für den Tourismus erschlossen – beide Inseln liegen im Süden. Mit Randheli und Velaa Private Island sind nun zwei weitere Anlagen der absoluten Luxusklasse hinzugekommen. Typisch für Noonu sind die vielen Farus kleiner und mittlerer Größe, die meist mit üppig begrünten Inseln besetzt sind. Auf solchen befinden sich auch die Resorts. Für Taucher ist das Atoll noch Neuland – eine weitgehend unberührte Unterwasserwelt wartet auf Entdeckung. Von den 14 bewohnten Inseln ist Velidhu die bedeutendste.

Mit dem Flughafen Hanimaadhoo und dem Dharavandhoo Airport wurden auch die nördlichsten Atolle der Malediven für den Tourismus erschlossen. Im **Haa-Alifu-Atoll** (Thiladhunmathi) haben mittlerweile drei Resorts für gehobene Ansprüche den Betrieb aufgenommen. Das Atoll hat historische Bedeutung, stammt doch der Befreier der Malediven von portugiesischer Fremdherrschaft, der spätere Sultan Muhammad Thakurufaanu, von der Insel Utheemu. Hier und auf 15 weiteren Eilanden leben etwa 14 000 Menschen.

Fonimagoodhoo mit dem Reethi Beach Resort im Baa-Atoll

Hotelinseln im Raa- und Baa-Atoll

Dhunikolhu **1** [A5]

Coco Palm Dhuni Kolhu

Tel. 660 0011
www.cocopalm.com; €€–€€€
Karte: Seite 121
Größe: 650 × 260 m
Umrundung zu Fuß: 25 Min.
Flughafentransfer:
Wasserflugzeug (35 Min.)

Die palmenreiche halbmondförmige Insel liegt am Südrand des Atolls und teilt sich die Lagune mit der etwa 4 km östlich liegenden Einheimischeninsel Tulhaadhoo, wo ein für die Malediven typisches Souvenir hergestellt wird: **!** gedrechselte, mit schwarzroten Ornamenten hübsch bemalte Holzdosen.

Die Lage der Insel abseits des Haupttouristenstroms ist geradezu ideal: Eine bis zu 20 m tiefe Lagune im Westen lädt zum Wassersport ein, im Osten erreicht man schon nach rund 50 m Schnorchelstrecke die ersten Korallenformationen des Hausriffs. Über 30 Tauchplätze gibt es in der näheren Umgebung.

Fast um die ganze Insel stehen, gut in der üppigen Vegetation versteckt, dicht an dicht die 84 Strandbungalows mit dem landestypischen Palmstrohdach. **!** Vorgelagert ist ein makelloser Sandstrand, der saisonbedingt im Norden manchmal sehr schmal wird; dafür lagert sich der Sand im Süden der Insel auf einer großen Sandbank ab. In der südlichen Inselhälfte findet man auch die Rezeption, das Hauptrestaurant und eine Bar. An das nördliche Inselende schließt sich in der Lagune eine kleine Anlage mit 14 Stelzenbungalows an, mit angenehm kühlender Brise. Die 5-Sterne-Anlage verwöhnt ihre Gäste mit offenem Badezimmer im privaten Gartenbereich, romantischem Himmelbett und bei etwa der Hälfte der Bungalows sogar mit kleinem Sitzpool.

Die Größe der Insel ermöglichte die Anlage von Sportplätzen für Tennis, Volleyball und Badminton, wenn deren Lage in der Inselmitte auch reichlich schweißtreibend sein dürfte. In der Nähe befindet sich

SEITENBLICK

Schiffbruchstagebuch

Am Außenriff des kleinen Goidhoo-Atolls, etwa 20 km südlich des Baa-Atolls, erlitt 1602 die »Corbin« Schiffbruch. Ein Passagier namens François Pyrard de Laval lenkte mit einem spannenden Bericht über seinen fünfjährigen, unfreiwilligen Aufenthalt auf den Malediven erstmals das Augenmerk der Welt auf den Archipel und seine Bewohner. Das Tauchen an dieser Stelle ist allerdings strengstens untersagt.

Zum Nachlesen: **The Voyage of François Pyrard of Laval to the East Indies, the Maldives, the Moluccas and Brazil** (u. a. Cambridge University Press; 2010).

das Sportzentrum mit Fitnessraum und Whirlpool sowie das Nautilus Spa. Für Heiratswillige werden feierliche Zeremonien arrangiert.

Sport und Unterhaltung

Tauchbasis **Ocean Dive** (PADI, Nitroxtauchen), Windsurfen, Katamaransegeln, Wasserski. Tennis, Volleyball, Badminton, Yoga. Discoabende und Diavorträge.

Ausflüge

Trips zu bewohnter Insel (Dinner bei einer maledivischen Familie) und einsamen Inseln (mit Picknick), Schnorcheltrips, Delfinbeobachtung.

Fonimagoodhoo

 [B5]

Reethi Beach Resort

Tel. 660 2626
www.reethibeach.com; €
Karte: Seite 121
Größe: 600 × 200 m
Umrundung zu Fuß: 25 Min.
Flughafentransfer:
Wasserflugzeug (35 Min.)

Wie ein grüner Federstrich erstreckt sich die Insel an der östlichsten Spitze des Baa-Atolls. Auch wenn der »schöne Strand«, wie die Insel in der maledivischen Sprache eigentlich heißt, sich unter dem Einfluss von Monsunwinden und Strömungen jahreszeitlich verändern kann, so trägt die Insel ihren Namen doch zu Recht. Und falls sich der Sand im

wahrsten Sinne des Wortes einmal gänzlich aus dem Staube machen sollte, dann versucht man eben durch geeignete Maßnahmen das kostbare Gut wieder an den Strand zurückzubringen.

Aber auch alle anderen Attribute, wie die vielen Kokospalmen, eine türkisblaue Lagune, ein stellenweise nahes Hausriff und nicht zuletzt eine sich harmonisch in die Natur einfügende Hotelanlage, machten die Insel seit ihrer Eröff-

Raa- und Baa-Atoll
(Maalhosmadulu)

beschriebene Insel

0   10 km

Transportschiff zur Versorgung der Insel Fonimagoodhoo

nung schnell zu einem äußerst beliebten Urlaubsziel. Besonders unter den Tauchsportlern hat das zuletzt 2010 renovierte Fonimagoodhoo ein treues Stammpublikum gefunden. Für 2020 ist eine komplette Umgestaltung geplant.

Die Insel ist für maledivische Verhältnisse relativ groß und bietet genügend Platz für Strandbungalows mit Palmstrohdach, die sich an der westlichen Strandseite zwischen den Büschen aneinanderreihen. Rezeption, Restaurants, Süßwasserpool, Bar und die Tauchbasis finden sich auf der gegenüberliegenden Inselseite, durchweg entlang oder nahe dem Strand. Die klimatisierten, wohnlichen Bungalows bieten Annehmlichkeiten wie ein offenes Bad, TV und teilweise auch eine maledivische Hängeschaukel vor dem Haus. An das nördliche Inselende schließen sich in der Lagune 15 Wasser-Doppelbungalows an,

die auf den ersten Blick zwar etwas an Bootsschuppen erinnern, im Innern aber recht hübsch eingerichtet sind und auch WLAN-Internetzugang haben. Durch ihre Lage an der nördlichen Schmalseite der Insel wird der Blick der Landbewohner aufs Meer nur wenig gestört.

Was die Insel für Tauchsportler so interessant macht, ist zum einen ein sich über die gesamte Insellänge erstreckendes, ziemlich steil abfallendes, fischreiches Hausriff direkt vor den Bungalows – erste Korallenformationen erreicht man über durch Bojen markierte Riffdurchbrüche schon nach 20 bis 80 m – und zum anderen **!** eine Häufung kaum betauchter, spannender Spots gerade in diesem Teil des Atolls.

Wassersportler dagegen finden das richtige Revier auf der Lagunenseite im Osten, die im Übrigen keine störende Riffbegrenzung zum tiefen Wasser hat.

Wer sich lieber an Land austobt: Ein großer Sportkomplex, bestehend aus zwei Tennisplätzen mit Flutlicht, Sporthalle mit je zwei Squashcourts und Badmintonplätzen, Fitnesscenter und getrennter Sauna, sowie ein Swimmingpool bieten dazu genügend Möglichkeiten. Entspannung findet man im Coconut Spa.

Sport & Aktivitäten

Tauchbasis Sea Explorer (PADI, Nitroxtauchen), Windsurfen, Katamaransegeln, Kitesurfen, Wasserski, Parasailing, Wakeboarden, Kanuverleih, Fahrten mit dem Glasbodenboot. Indoor-Badminton, Squash, zwei Tennisplätze mit Flutlicht, Fitnesscenter, Spa.

Ausflüge

Schnorcheltrips, Besuch unbewohnter Inseln mit Barbecue, Ausflüge zu Einheimischeninseln.

Horubadhoo 3 [B5]

Royal Island Resort & Spa

Tel. 660 0088
www.royal-island.com; €
Karte: Seite 121
Größe: 800 × 230 m
Umrundung zu Fuß: 30 Min.
Flughafentransfer:
Wasserflugzeug (35 Min.)

Die Pächter der 2001 eröffneten Hotelinsel haben den königlichen Namen aus gutem Grund gewählt, war diese einst bewohnte Insel doch die Heimat der Großmutter des maledivischen Nationalhelden Muhammad Thakurufaanu, dem in der Bevölkerung hoch verehrten Befreier von der portugiesischen Fremdherrschaft. ❗ Neben Siedlungsresten beherbergt die Insel auch die Grabstätte besagter Großmutter. Hier begegnen sich nun auf interessante Weise die alte und neuere Geschichte der Malediven.

Royal Island liegt einige Kilometer zurückgesetzt vom südlichen Außenriff, sozusagen in zweiter Reihe. Das ist kein Nachteil, wird die Insel dadurch doch besser geschützt. Zudem besitzt die große Insel an beiden Längsseiten ein sehr gut erreichbares Hausriff, stellenweise nur 10 m vom Strand entfernt.

Allerdings hat man bei der Bebauung fast des Guten zuviel getan: 150 Bungalows in natürlicher Holzbauweise umringen fast die gesamte Insel, was aber durch die dichte Vegetation zwischen den Gebäuden gut abgemildert wird. Die Wege zwischen den Bungalows und der übrigen Hotelinfrastruktur sind mit Platten verlegt, so dass diese Insel auch für Gäste mit Rollstuhl geeignet ist.

Das Eiland hat einen dichten Palmenbestand sowie einige große Banyanbäume und ist somit ein beliebter Schlafplatz für Flughunde. Auf Wasserbungalows konnte man bei der ansehnlichen Größe der Insel gut verzichten.

Die klimatisierten Zimmer haben z. T. ein halb offenes Badezimmer, Außendusche, TV sowie WLAN-Internetzugang und sind sehr wohnlich möbliert.

Zwei Restaurants und drei Bars verteilen sich über die Insel, hinzu kommt ein hübscher Swimmingpool mit Kinderbecken und Poolbar direkt am Strand. Die Tauchbasis wurde bequemerweise nahe am Steg installiert.

Wie auf fast allen Hotelinseln darf auch in diesem Resort mit hohem Standard ein gut ausgestattetes Fitnesscenter sowie ein ❗ sehr schön mit antiken Möbeln eingerichtetes Ayurveda-Spa samt Sauna, Jacuzzi und Dampfbad nicht fehlen. Tennisfans treffen sich zum Match auf zwei mit Flutlicht beleuchteten Hartplätzen.

Sport & Aktivitäten
Tauchbasis Delphi Diving (PADI), Windsurfen, Katamaransegeln, Kitesurfen, Wasserski, Wakeboarden. Tennis (Flutlicht), Volleyball, Badminton.

Ausflüge
Übernachtung auf unbewohnter Insel, Besuch einer Einheimischeninsel, Schnorcheltrips.

Kunfunadhoo

  [B5]

Soneva Fushi

Tel. 660 0304
www.soneva.com; €€€
Karte: Seite 121
Größe: 370 × 1400 m
Umrundung zu Fuß: 1 Std.
Flughafentransfer:
Wasserflugzeug (30 Min.)

Nicht weit entfernt von Eydhafushi, der Hauptinsel des Atolls, liegt diese große, mit sehr dichter Vegetation bewachsene Insel am südlichen Außenriff des Baa-Atolls. Sie ist nur per Wasserflugzeug erreichbar – schon beim Flug über das Nord-Male-Atoll kann man das Farbenspiel des Wassers mit dem Grün der kleinen Inseln gut fotografieren.

Das fischreiche, stellenweise nahe Hausriff mit Höhlen und Steilwänden verläuft beidseitig der Insel in Richtung des Innenriffs, markierte Stellen machen den Einstieg für Schnorchler und Taucher problemlos. In die von der Natur verschwenderisch bedachte Insel mit schönem Sandstrand wurde eine kleine, aber sehr exklusive Barfuß-Hotelanlage integriert. Irgendwie ist hier alles ein bisschen anders: Nur insgesamt 65 interessant gestaltete Luxusunterkünfte von verschiedenster Architektur und Größe, z. T. doppelstöckig mit Balkonterrasse und getrenntem Schlafzimmer oder als romantische Suite ausgeführt, immer mit viel Liebe zum Detail, verteilen sich in Strandnähe an den beiden Längsseiten der Insel. Individuell ist auch die Einrichtung gestaltet – Robinsonleben auf hohem Niveau. Man hat in dem Inseldschungel übrigens kaum das Gefühl auf einer Hotelinsel zu sein und so spricht dieses einmalige Resort besonders den verwöhnten und finanzkräftigen, aber doch naturverbundenen Gast an. »Luxus, ohne aufzufallen« lautet die Devise. Dazu passt auch, dass für die Wege zwischen Bungalows und Restaurants der weitläufigen Insel allen

Exklusive Wohnlichkeit: Suite im Soneva Fushi Resort auf Kunfunadhoo

Gästen Fahrräder zur Verfügung stehen, Gemüse aus dem eigenen Biogarten kommt und für sonstige Wohltaten ein gut ausgestattetes Wellnesszentrum sorgt. Als Krönung warten auf den Gast noch Highlights wie ! ein Open-Air-Kino am Strand inkl. Eis und Drinks und ein kleines Observatorium mit starkem Teleskop für Einblicke in den klaren maledivischen Nachthimmel. Neben dem Hauptrestaurant sorgen zwei weitere Restaurants, ein Weinkeller mit Verkostung und zwei Bars für das leibliche Wohl der Gäste.

Sport & Aktivitäten

Soleni Dive-Tauchbasis (PADI), Windsurfen, Katamaransegeln, Wasserski, Wakeboarden. Tennis, Tischtennis, Beachvolleyball, Fahrradverleih, Fitnesscenter, Yoga und Thai Chi.

Ausflüge

Schnorcheltrips, zur Einheimischeninsel Eydafushi, Picknick auf unbewohnten Inseln, Delfinbeobachtung.

Meedhupparu 5 [B4]

Adaaran Select Meedhupparu

Tel. 658 7700
www.adaaran.com/
selectmeedhupparu; €–€€
Karte: Seite 121
Größe: 300 × 750 m
Umrundung zu Fuß: 30 Min.
Flughafentransfer:
Wasserflugzeug (45 Min.)

Die Touristeninsel wurde zuletzt 2017 einer umfassenden Renovierung unterzogen. Sie liegt ganz im Süden des Raa-Atolls, nicht weit vom Moresby-Kanal entfernt. Mit 136 km Distanz vom Flughafen ist sie die abgelegenste Hotelinsel.

Das Atoll – selbst von Tauchern noch weitgehend unentdeckt – verspricht spannende Unterwasserabenteuer. Meedhupparu besitzt in 70 bis 200 m Entfernung ein die gesamte Insel umgebendes, noch weitgehend unberührtes Hausriff, das über zwei lange Stege sehr gut erreichbar ist. Allerdings muss mit dem Auftreten von Strömungen gerechnet werden. Nichttaucher finden Abkühlung in der großen Lagune oder im strandnahen Süßwasserpool mit Poolbar.

Die große Insel mit schönem Sandstrand am östlichen Rand eines Farus ist mit üppiger Vegetation bedeckt, allerdings konzentrieren sich die Palmen mehr auf die Inselmitte. Die Mehrzahl der geräumigen und klimatisierten 215 Zimmer, ausgestattet u. a. mit Süßwasserdusche, Telefon, Minibar und Terrasse, reihen sich locker in Gruppen angeord-net als Doppelbungalows um den Sandstrand. Im Nordosten der Insel wurde eine Wasserbungalow-Anlage mit 20 Villen von gehobenem Standard gebaut. Dazu gehört auch ein diesen Gästen speziell vorbehaltenes Restaurant.

Sport und Unterhaltung

Tauchbasis The Divepoint (PADI), Schnorcheln, Windsurfen, Segeln, Wasserski, Kanu. Beachvolleyball, Badminton, Fitnesscenter, Spa. Disco, Unterhaltungsprogramme.

Ausflüge

Exkursionen zu bewohnten und unbewohnten Inseln.

Hotelinseln im Lhaviyani-Atoll

Guradu 6 [C4]

Palm Beach Resort

Tel. 662 0084
www.palmbeachmaldives.com; €
Karte: Seite 128
Größe: 250 × 1700 m
Umrundung zu Fuß: 1 Std.
Flughafentransfer:
Wasserflugzeug (40 Min.)

Die große Insel, die auf Seekarten auch als Madhiriguraidhoo bezeichnet wird, liegt am östlichen Außenriff am Ende einer 5 km langen Lagune. Mit 4 km langem, nahezu ungestörtem Sandstrand und pittoresken Sandzungen an den Inselenden ist sie das Bade- und Wassersportparadies inmitten einer geschützten Lagune schlechthin, und doch kommt man auch hier nicht ohne den obligaten Süßwasser-Swimmingpool (mit Kinderbecken) aus. Inzwischen eine Seltenheit auf maledivischen Hotelinseln: Auf Madhiriguraidhoo stört kein Wasserbungalow den Blick in das türkisfarbene Wasser der Lagunenlandschaft.

Ein unmittelbar an der Insel liegendes Hausriff gibt es nicht, doch kann man zweimal täglich an kostenfreien Schnorchelexkursionen zu nahe liegenden Riffen teilnehmen.

Insgesamt 118 am Strand aufgereihte, aber in der Vegetation gut versteckte Bungalows warten auf Gäste,

16 davon sind als zweistöckige Villen ausgeführt, mit herrlichem Blick vom luftigen Schlafzimmer im ersten Stock auf Meer und Strand. Alle Unterkünfte sind für Familien mit bis zu vier Personen geeignet. Die Bungalows sind sehr komfortabel ausgestattet und haben ein Open-Air-Badezimmer; auf der Terrasse kann man in einer für maledivische Häuser typischen Hängeschaukel sehr bequem relaxen. Verpflegt wird der Gast in vier Restaurants und drei Bars, alle in Strandnähe. Auf Wunsch wird ein privates Candle-Light-Dinner am Strand organisiert. Für die manchmal langen Wege dorthin stehen Fahrräder (gratis) und Elektromobile zur Verfügung.

In medizinischen Angelegenheiten kann ein auf der Insel dauerhaft anwesender Arzt konsultiert werden. Auf Anfrage steht auch ein kostenloser Babysitter zur Verfügung. Das große, moderne Spa besitzt offene und geschlossene Behandlungsräume.

❗ Eine Besonderheit ist die Golf Driving Range mit vier schwimmenden Greens in 50–120 m Entfernung in der Lagune. Die Bälle lösen sich nach kurzer Zeit im Wasser umweltfreundlich auf.

Sport & Aktivitäten

Hoteleigene Tauchbasis (PADI), Windsurfen, Katamaransegeln. Golf, Tennis, Squash, Fußball, Fahrradverleih, Beachvolleyball, Fitnesscenter.

Ausflüge

Schnorcheltrips, Ausflüge zu bewohnten und unbewohnten Inseln.

Kanuhura 7 [C4]

Kanuhura Resort

Tel. 662 0044
www.kanuhura.com; €€€
Karte: Seite 128
Größe: 200 × 1000 m
Umrundung zu Fuß: 40 Min.
Flughafentransfer:
Wasserflugzeug (40 Min.)

Nach der Erschließung noch abgelegenerer Atolle für den Tourismus liegt die 145 km vom Airport entfernte Insel nun fast schon in der Nachbarschaft des Nord-Male-Atolls. Die Hotelanlage wurde Ende 2016 nach umfassender Renovierung neu

Hot Stone-Behandlung im Spa des Kanuhura Resort

eröffnet. Die Änderungen konnten noch nicht inspiziert werden.

Die Insel ohne Hausriff liegt östlich der Nordspitze des Atolls am Außenriff, inmitten einer großen Lagune, nur wenige Kilometer von der Insel Kuredhoo entfernt. Die vor der Brandung des Außenriffs und auch vor Strömungen recht gut geschützte Insel besitzt rundherum breite Sandstrände mit faszinierendem Ausblick zu vielen Inseln und einigen kleinen Inselchen in der Nachbarschaft. Die Luxusinsel wurde als Oase der Ruhe und Entspannung abseits vom Massentourismus konzipiert. Die Umsetzung ist sehr gut gelungen, das Gebotene hat allerdings seinen Preis.

Interessant ist die Gestaltung des ❗ großen Swimmingpools mit Buchten, Teakdeck und künstlichem Strand inmitten einer hübschen Gartenanlage. Natürlich darf hier eine Poolbar nicht fehlen. Getreu der Forderung nach Ruhe und Privatsphäre sind Rezeption, Restaurant, eine Lounge und sonstige Wirtschaftsgebäude in der Mitte der Insel konzentriert, abseits der am Strand aneinandergereihten 80 Bungalows. Einige wenige Strandvillen sind mit doppeltem Schlafzimmer versehen, eine praktische Lösung für den Familienurlaub. Nach Osten hin zum Außenriff erstreckt sich zudem eine Anlage auf Stelzen mit 20 Wasserbungalows. Die Hotelanlage ist gut auf den Urlaub mit Kindern eingestellt, ein großer Swimmingpool samt Kinderbecken sowie ein Kinderklub mit einem abwechslungsreichen Programm machen den Aufenthalt auch für die Kleinen interessant.

Für das leibliche Wohl der Gäste sorgen nunmehr zehn Restaurants und Bars, darunter das »Bottega« mit italienischer Küche und das wunderschön an einer Sandbank liegenden »Veli Cafe« mit thailändischen Spezialitäten. Ob man nach dem Abendessen entspannt fernsehen, sich als Karaoke-Interpret präsentieren oder einfach nur bei einem Drink abhängen möchte – eine der Bars und Lounges der Insel bietet sicher das Richtige.

Sportmöglichkeiten sind zu Land und zu Wasser zu finden. Tenniscracks halten sich fit auf den beiden Kunstrasenplätzen mit Flutlicht, die Squashhalle ist klimatisiert. Die rifflose Lagune eignet sich bestens für alle Wassersportarten, und auf Taucher warten mehr als 40 Tauchplätze in den vielen Riffkanälen und Untiefen in diesem exponierten Teil des Atolls – einschließlich zweier Schiffswracks.

Kuredhoo **9** Fehingili
(Kuredu Beach Maldives)
Kanuhura
7 (Kanuhura Resort)
Hinnavaru **8**
Felivaru Komandhoo
Madivaru (Komandoo Maldives
Island Resort) **6**
Naifaru Guradu
Vavaru (Palm Beach Resort) Faadhoo
Dhiffushi
Dhidhoo
Mafilafushi Hudhufushi
Kanifushi Mabinhura
Kurendhoo
Lowalafuri Olhuvelifushi
Maduvari

**Lhaviyani-Atoll
(Fadiffolu)**
Aliga
— beschriebene Insel
0   10 km

Sport & Aktivitäten
Tauchbasis Sun Dive Center (PADI, Nitroxtauchen), Windsurfen, Kitesurfen, Katamaransegeln, Wasserski, Wakeboarden. Tennis und Squash (auch mit Lehrer), Beachvolleyball, Spa, Yoga.

Ausflüge
Exkursionen zu bewohnten und unbewohnten Inseln, Schnorcheltrips.

Komandhoo 8 [C4]

Komandoo Maldives Island Resort

Tel. 662 1010
www.komandoo.com; €
Karte: Seite 128
Größe: 450 × 100 m
Umrundung zu Fuß: 20 Min.
Flughafentransfer:
Wasserflugzeug (40 Min.)

Als Tropenurlauber hat man so seine Vorstellungen von einer typischen, idyllischen Malediveninsel: klein und überschaubar, viele Palmen und Büsche, ein blendend weißer Sandstrand, und das alles umgeben vom unendlichen Blau des Indischen Ozeans. Komandhoo kann sich mit all diesen Attributen schmücken. Und so haben außer den Tauchern auch die Honeymooner das abgelegene und romantische Inselchen für sich entdeckt.

Die ovale Insel liegt 1 km östlich der Einheimischeninsel am nordwestlichen Rand des Lhaviyani-Atolls. Die ausgeprägten Sandzungen an den Inselenden weisen darauf

hin, dass die Insel vom strömungsreichen Wasser eines der hier zahlreichen Atollkanäle umspült wird. Das verspricht spannende Tauchgänge sowohl am Hausriff als auch an den mehr als 50 Tauchplätzen der näheren Umgebung. Das 20 bis 100 m entfernte, fischreiche Riff ist über vier markierte Einstiegspunkte, aber auch über zwei Stege gut erreichbar. Dies macht Tauchgänge auch bei weniger gutem Wetter möglich. Aber nicht nur deshalb gilt die Insel bei Tauchfreaks als Geheimtipp, sondern auch, weil das zuletzt 2012 renovierte Resort bei allem Komfort einen legeren Charakter hat.

Man hat der Inselgröße Rechnung getragen und lediglich 50 aus Holz gebaute Rundbungalows, 30 davon mit Jacuzzis, unmittelbar vor dem Palmenwald und direkt am Sandstrand errichtet, alle wurden in den letzten Jahren umfassend renoviert. Keine Vegetation behindert den Blick in die ❗ paradiesische Lagunenlandschaft, man muss nur wenige Schritte tun, und schon steht man im Meer. Die mehr als 60 m² großen, gemütlichen Zimmer mit halb offenen Badezimmern sind mit Klimaanlage, Kühlschrank, Telefon, CD-Player und überdachter Terrasse ausgestattet. An die Ostseite der Insel wurde eine Anlage mit 15 etwas größeren Wasserbungalows angefügt.

Um den schönen Sandstrand zu erhalten und die exponierte Lage der Bungalows nicht zu gefährden, hat man um den größten Teil der Insel ein niedriges, aber kaum ins

Auge fallendes Mäuerchen gezogen, welches das ununterbrochene Nagen des Meeres unterbinden soll.

Verpflegt werden die Gäste mit asiatisch-europäischer Küche im offenen Strandrestaurant. Nachdem es nahezu überall auf den Malediven zum Standard wurde, kann nun auch Komandhoo mit einem Spa dienen.

Sport & Aktivitäten

ProDivers-Tauchbasis (PADI, Nitrox-tauchen), Windsurfschule, Katamaran-segeln, Kanuverleih. Volleyball, Tischtennis, Fitnessraum, Spa.

Ausflüge

Schnorcheltrips, Exkursionen zu bewohnten und unbewohnten Inseln, Besuch der Fischfabrik auf Felivaru. Bei genügender Teilnehmerzahl können auch Tagesausflüge mit einer Segeljacht unternommen werden.

Kuredhoo 9 ⭐ [C4]

Kuredu Resort Maldives

Tel. 662 0337
www.kuredu.com; €
Karte: Seite 128
Größe: 370 × 1500 m
Umrundung zu Fuß: 1 Std.
Flughafentransfer:
Wasserflugzeug (45 Min.)

Aus 16 spartanischen Strandhütten und einer improvisierten Tauchbasis der Tauchpioniere im Jahr 1978 hat sich ein Superresort für 600 Gäste entwickelt! Die Insel mit einem insgesamt über 3 km langen Sandstrand

liegt ganz im Norden des Atolls am Außenriff. Außergewöhnlich artenreich ist die dichte Inselflora mit vielen Kokospalmen, die trotz einer intensiven Bebauung insbesondere im Strandbereich immer noch relativ unangetastet wirkt. Nur im Osten, wo der Inselbewuchs schon immer etwas spärlicher war, wurde ❗ das natürliche Grün durch einen kleinen 6-Loch-Golfplatz ersetzt. Im Westen der Insel lädt eine je nach Wasserstand und Jahreszeit manchmal über 1 km lange, sehr schmale Sandbank zu Spaziergängen ein.

Die große Tauchbasis ist multilingual besetzt und sehr gut ausgestattet; mit 400 Tauchflaschen geht hier die Luft wohl nie aus. Es gibt eine Dekompressionskammer und einen Taucharzt. Zum Angebot gehören auch Kurse in Rebreathertauchen – dabei wird die Luft nicht ins Wasser ausgeatmet, sondern verbleibt im System. In der näheren Umgebung gibt es mehr als 45 Tauchspots, darunter zwei leicht zugängliche Schiffwracks.

Auch wenn das steil abfallende Hausriff an der Nordostseite entlang des Außenriffs wegen Brandung und Strömung nicht leicht zu erreichen ist, so hat die ansässige Tauchbasis doch daraus eine Tugend gemacht und bietet u. a. geführte Schnorcheltouren von Land sowie Halb- und Ganztagestouren mit dem Boot an.

Zum Baden eignet sich am besten die Lagune im Süden oder die Sandbank im Westen, der nördliche Lagunenbereich ist stellenweise von Korallenbruch durchsetzt.

Auf Kuredhoo kann man das Tauchen mit dem Rebreather erlernen

Die Anlage wurde zwar mehrfach umgebaut und aufgewertet, ihre letzte Renovierung ist allerdings schon einige Zeit her (2009). Entlang der Süd- und Nordseite liegen nun 250 Bungalows. Zwischen Insel und Außenriff reiht sich eine lange Girlande von 50 Stelzenbungalows – das Sangu-Village – mit eigenem Restaurant an Land. Um die Insel mit der Wasserbungalowanlage im Nordosten vor dem andauernden Ansturm der Wellen zu schützen, hat man auf dem Riffdach eine lange Reihe von Wellenbrechern installiert, die aber kaum auffallen.

Für die Verpflegung der Gäste sorgen vier Restaurants, Abwechslung und schöne Ausblicke aufs Meer bieten die sieben Bars, darunter zwei am Strand. Daneben gibt es noch einen Pool mit Kinderbereich und ein Spa.

Im neuen Entertainment Center kann man fernsehen, sich mit Gegnern in Tischfussball messen, Schach spielen oder mit einem Buch aus der Bibliothek ganz einfach abhängen. Wer es sportlicher mag – auf den Hartplätzen für Tennis und Badminton sowie beim Beachvolleyball finden sich immer Partner.

Das Kuredu ist aber auch Startpunkt für ❗ Kreuzfahrten mit der hoteleigenen 36-Meter-Jacht »Monsoon« in die nördlichen Atolle.

Sport & Aktivitäten

ProDivers-Tauchbasis (PADI, Nitrox- und Rebreathertauchen), Ocean Sport Surf- und Segelschule, Katamaransegeln, Kitesurfen, Parasailing, Wasserski. Golf, Golfkurse, Tennis und Badminton (Flutlicht), Fußball, Volleyball, Fitnesscenter mit Trainer, Spa.

Ausflüge

Trips zu bewohnten und unbewohnten Inseln, Schnorcheltrips, Tagesausflüge mit einer Segeljacht, Touren mit dem Speedboot, Delfinbeobachtung.

Hotelinseln im Noonu-Atoll

Irufushi 🔟 [B4]

> **The Sun Siyam Iru Fushi**
>
> Tel. 656 0591
> www.sunsiyam.com; €€–€€€
> **Karte:** Seite 132
> **Größe:** 800 × 300m
> **Umrundung zu Fuß:** 30 Min.
> **Flughafentransfer:** Flug (45 Min.)

Die mit 20 ha sehr große, familien-
freundliche Insel liegt zentral inmitten eines etwa 1,5 km großen Faru;
das 300 m entfernte Hausriff ist
über den langen Anlegesteg, über
die Wasserbungalowanlage oder bei
Flut auch vom Strand aus per
Schnorcheltrip über das Riffdach zu
erreichen. Auf dem Steg befindet
sich in Hausriffnähe praktischer-
weise auch die Tauchbasis. Faszinie-
rend sind die Ausblicke von den
breiten Sandstränden, die an der
Nordseite in einer langen Sandzun-
ge auslaufen. Allerdings kann sich

der Sandstrand, wie es auf den meisten Malediveninseln vorkommt,
saisonbedingt durch Strömungen
und Wellen verlagern oder gar ganz
verschwinden. Auf der Westseite
grenzt unmittelbar an die Insel ein
tieferer Lagunenbereich an, ideal
für Wassersport und Tauchkurse.
Allerdings landen und starten hier
auch die Wasserflugzeuge.

Die Insel ist ringsum mit 100 mit
Palmstroh gedeckten, meist runden
Strandbungalows besetzt; 80 Wasserbungalows in zwei getrennten
Komplexen im Norden und Osten
der Insel ergänzen das Unterkunfts-
angebot. Natürliche Materialien
und eine harmonische Farbwahl
kennzeichnen die modern-elegante
Einrichtung. Die Dimensionen sind
großzügig – ❗ alleine die Badezimmer haben die Größe eines heimischen Wohnzimmers. Alle Strandbungalows sowie die Hälfte der
Wasserbungalows sind mit Jacuzzis
oder privaten Pools ausgestattet.

Die Zahl der Restaurants (international, asiatisch) und Bars wurde
der hohen Gästezahl angepasst; jeweils vier dieser Einrichtungen finden sich auf der Insel in der Nähe
von Schwimmbad, Strand und auch
auf Stelzen in der Lagune. Im »Iru
Restaurant« in der Inselmitte werden von allen Gästen die Haupt-
mahlzeiten eingenommen, Gedrän-
ge ist daher leider vorprogrammiert.
Dagegen bieten das Spezialitäten-
restaurant »Flavour«, das mediterrane »Trio« und der »Islander Grill«

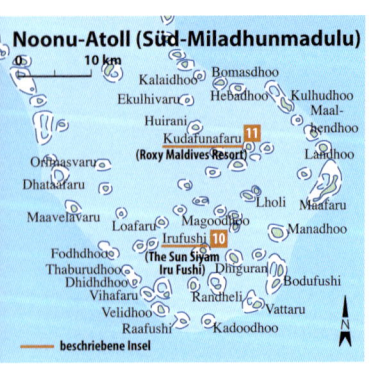

Noonu-Atoll (Süd-Miladhunmadulu)

10 km

Kalaidhoo Bomasdhoo
Ekulhivaru Hebadhoo Kulhudhoo
Huirani Maal-
Kudafunafaru hendhoo
11
(Roxy Maldives Resort) Landhoo
Orimasvaru
Dhatafaru
Lholi Maafaru
Maavelavaru Loafaru Magoodhoo Manadhoo
Irufushi **10**
Fodhdhoo **(The Sun Siyam**
Thaburudhoo **Iru Fushi)** Dhiguran
Dhidhdhoo Bodufushi
Vihafaru Randheli
Velidhoo Vattaru
Raafushi Kadoodhoo

━━ beschriebene Insel

N

Paradiesisch: Wasserbungalows auf Irufushi

am Strand eine eher private Atmosphäre.

Sehr schön in die Vegetation integriert wurde die Spa-Anlage mit 20 Behandlungspavillons. Für ein Resort dieses Standards ist der Kinderklub für 3- bis 12-Jährige mit Pool ebenso obligatorisch wie der WLAN-Internetzugang.

Sport & Aktivitäten

Tauchbasis (PADI), Windsurfen, Katamaransegeln, Kitesurfen, Wasserski. Tennisplatz mit Flutlicht, Badminton, Volleyball. 18-Loch-Golfsimulator, Fitnesscenter.

Ausflüge

Trips zu bewohnten und unbewohnten Inseln, Schnorchelausflüge.

Kudafunafaru 11 [B4]

Roxy Maldives Resort

Tel. 656 1010
www.roxymaldivesresort.com; €€€
Karte: Seite 132
Größe: 800 × 200 m
Umrundung zu Fuß: 30 Min.
Flughafentransfer: Flug (45 Min.)

Die 2008 eröffnete Anlage gehobenen Standards gehört zu den im maledivischen Tourismus stark zunehmenden Urlaubszielen für zahlungskräftige Gäste. Lichter Palmenbestand und Buschvegetation kennzeichnen die Insel am Rande eines 1,5 km großen Faru, die fast

Die reizvollste Strände

• Der schönste Sandstrand ist immer der, den man selbst entdecken darf. Bei einer Tauchkreuzfahrt bietet sich immer wieder Gelegenheit, vor **unbewohnten Inseln** zu ankern › S. 26.

• An der Westseite von **Meerufenfushi** im Nord-Male-Atoll erstreckt sich vor schneeweißem Sandstrand eine breite und flache Lagune, die sich wegen geringer Korallenbestände gut zum Baden eignet › S. 92.

• Robinson-Gefühl kommt am zauberhaften Strand von **Angaga** im Ari-Atoll auf, die Hotelanlage ist kaum zu sehen › S. 100.

• **Dhunikolhu** im Baa-Atoll ist ringsum von schneeweißem Sandstrand umgeben und in eine zauberhafte Lagune eingebettet › S. 120.

• **Kudafunafaru** im Noonu-Atoll besitzt im Osten und Süden einen ungewöhnlich breiten, feinsandigen Strand – ideal für Beachsport oder Yoga › **S. rechts.**

• Die in eine großflächige Lagune übergehenden Sandstrände von **Velavaru** im Dhaalu-Atoll wissen auch Meeresschildkröten zu schätzen › S. 145.

• Auf der lang gestreckten Insel **Medhufushi** im Meemu-Atoll bietet jede Strandvilla ein Plätzchen am einmaligen Beach › S. 148

nahtlos von einem schönem Sandstrand gesäumt wird. Ein Hausriff ist erst nach einer Schnorchelstrecke von 150 m zu erreichen. Für Wassersport ist die große und weitgehend sandige Lagune im Osten mit bis zu 3 m Wassertiefe bestens geeignet. Hier kann man auch unter idealen Rahmenbedingungen einen Anfängertauchkurs absolvieren. In Reichweite der Insel liegen etwa 30 Tauchplätze, die bislang nur von Kudafunafaru und Irufushi › S. 132 aus angesteuert werden.

»Private Diving« heißt ein Angebot, bei dem man allein oder zu zweit in Begleitung eines Guide individuelle Tauchabenteuer erleben kann › S. 135.

Die nicht überfrachtete Anlage ist modern und ansprechend gestylt; für maledivisches Inselflair sorgen die typischen Palmblattdächer. 20 Strandvillen wurden in großem Abstand locker über die Insellänge verteilt, viel Holz und angenehme Farben charakterisieren die Einrichtung, zu der auch WLAN-Internetzugang und TV gehören. Die Hälfte der Villen besitzt einen kleinen Sitzpool. Zwei Wasserbungalowanlagen, im Westen zehn Bungalows und im Südosten 20 Bungalows von sehr großzügigen Dimensionen bieten weitere Unterkunftsmöglichkeiten mit Aussicht auf Insel und Meer. Auch hier verfügen zwei Drittel der Bungalows über ein eigenes Tauchbecken.

Zwei Restaurants mit Meerblick bieten kulinarische Köstlichkeiten à la carte. Die beiden Bars, eine davon am Swimmingpool auf der Insel-

Muränen verstecken sich tagsüber in Höhlen und Spalten

westseite gelegen, sind beliebte Treffpunkte für einen gepflegten Cocktail bei Sonnenuntergang.

Und schließlich gehört zur Inselinfrastruktur ein gut ausgestatteter Wellnessbereich mit sechs Behandlungsräumen und ebenso freundlichem wie kompetentem balinesischem Personal.

Sport & Aktivitäten
Tauchbasis (CMAS, SSI, PADI), Private Diving (Tauchen allein oder zu zweit mit einem Guide), Windsurfen, Kitesurfen, Katamaransegeln, Kajakverleih. Tennisplatz, Volleyball. Aerobic- und Yogakurse.

Ausflüge
Trips zu unbewohnten und bewohnten Inseln, Schnorchelsafaris, Sonnenuntergangs- und Vollmondkreuzfahrten mit einem Dhoni.

SEITENBLICK

Individuelles Tauchen
»Private Diving« nennt sich ein besonders attraktives Arrangement, das die Tauchbasis auf Kudafunafaru erfahrenen Tauchern anbietet, die die Unterwasserwelt der Malediven einmal ohne die übliche Rücksichtnahme auf die Gruppe genießen möchten. Dabei wird ein mit Toilette und Süßwasserdusche ausgestattetes Tauchdhoni für maximal zwei Gäste ausgerüstet und fährt mit diesen an die gewünschten Tauchplätze. Bei der Tauchplatzauswahl steht das Basispersonal mit Rat und Tat zur Verfügung. Auch die Abfahrtszeit wird bei diesen Tauchgängen den Wünschen der Gäste entsprechend festgelegt. 2017 wird die Tauchbasis neu organisiert, das Angebot soll weitergeführt werden.

Hotelinseln im Haa-Alifu-Atoll

Dhonakulhi 12 [B1]

Hideaway Beach Resort & Spa

Tel. 650 1515
www.hideawaybeachmaldives.com;
€€€
Karte: Seite 136
Größe: 1300 × 300 m
Umrundung zu Fuß: 40 Min.
Flughafentransfer: Flug bis
Hanimaadhoo (45 Min.),
Bootstransfer (20 Min.)

Die große, dicht bewachsene Insel liegt auf einem abgelegenen Atoll am Ende der maledivischen Inselkette, allerdings nur 18 km vom Regionalflughafen Hanimaadhoo entfernt. 2014 beugte auch sie sich dem Trend: Neben den 43 Bungalows gibt es jetzt am Nordende einen Steg mit 50 luxuriösen Wasservillen und eigenem Restaurant. Aus der Vogelperspektive betrachtet, scheint Dho-nakulhi wie ein grüner Halbmond oder Mantarochen durch die Insellandschaft des Haa-Alifu-Atolls zu schweben. Ein Naturphänomen macht die Insel und ihre Lage unverwechselbar: Die angrenzende Lagune wird durch einen etwa 150 m breiten, aber tiefen Graben in zwei Hälften geteilt. In den unmittelbar an die Insel angrenzenden Graben wurde ! eine moderne Marina für Hochseejachten mit allen Versorgungsmöglichkeiten gebaut, die erste auf den Malediven. Die sehr großzügig gestalteten Residenzen, Pavillons und Villen, das Spa, zwei Restaurants, eine Bar und diverse Wirtschaftsgebäude verteilen sich über die gesamte Insellänge, und bei mindestens 30 m Abstand zwischen den Bungalows kommt sicher kein Engegefühl auf. Wegen der relativ großen Entfernungen stehen den Gästen Fahrräder und einige wenige Elektromobile zur Verfügung.

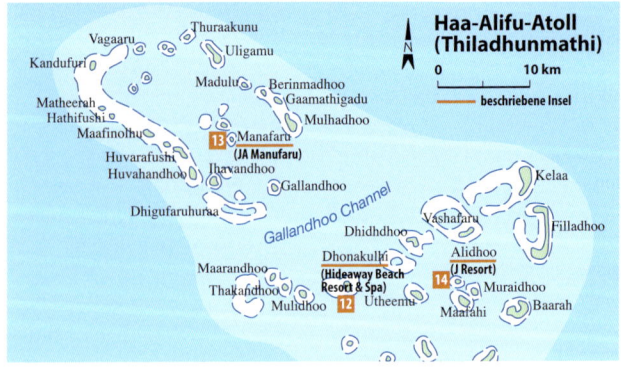

Haa-Alifu-Atoll
(Thiladhunmathi)

0   10 km

—— beschriebene Insel

Thuraakunu
Vagaaru
Uligamu
Kandufuri
Madulu
Berinmadhoo
Matheerah
Gaamathigadu
Hathifushi
Mulhadhoo
Maafinolhu
13 Manafaru
(JA Manafaru)
Huvarafushi
Iharavandhoo
Huvahandhoo
Gallandhoo
Dhigufaruhuraa
Kelaa
Gallandhoo Channel
Vashafaru
Dhidhdhoo
Filladhoo
Dhonakulhi
Alidhoo
(Hideaway Beach
14 (J Resort)
Maarandhoo
Resort & Spa)
Muraidhoo
Thakandhoo
Utheemu
Maarahi
Baarah
Mulidhoo 12

Dhonakulhi wird von den Einheimischen gern mit dem Dhoni umschifft

Die Hotelanlage gehört zu den »Small Luxury Hotels of the World«, individueller Butlerservice für jeden Gast ist also selbstverständlich. Die Ausstattung ist in Styling, Farbauswahl und Baumaterialien dem tropischen Ambiente angepasst. Obwohl klimatisiert, ermöglicht das besondere Design der Bungalows auch eine natürliche Belüftung. Bungalowgäste, die keinen eigenen Pool haben, weichen gern auf den Infinity-Pool mit Jacuzzi aus. Für Kinder steht ein eigener Pool zur Verfügung, auch Beaufsichtigung ist auf Anfrage möglich. Selbstverständlich verfügen alle Unterkünfte über Telefon, TV und Internetanschluss.

Das stilvolle Mandara Spa bietet ein umfangreiches Verwöhnprogramm, die deutschsprachige Tauchbasis ist sehr gut ausgestattet. Tauchen ist in diesen noch weitgehend unberührten Gewässern ein span-

nendes Abenteuer, ein vitales Hausriff findet sich in 10–30 m Distanz vom Strand entlang des Grabens. In beiden Lagunenteilen ist Wassersport jeglicher Art möglich.

❗ Interessant ist sicher ein Ausflug auf die Nachbarinsel Utheemu, die Heimat des von den Maledivern verehrten Freiheitshelden Bodu Thakurufaanu. Und wen es als Robinson auf Zeit mehr auf eine unbewohnte Insel zieht – hier sind einsame Eilande noch keine Mangelware.

Sport & Aktivitäten

Tauchbasis Meridis Dive (PADI, Nitroxtauchen), Windsurfen, Katamaransegeln, Wasserski, Wakeboarden. Zwei Tennisplätze (Flutlicht), Fitnesscenter, Jogging, Volleyball.

Ausflüge

Schnorcheltrips, Segeltrips zu unbewohnten und Einheimischeninseln.

Manafaru 🔢 [B1]

JA Manufaru

Tel. 650 0456
www.jaresortshotels.com; €€€
Karte: Seite 136
Größe: 550 × 330 m
Umrundung zu Fuß: 25 Min.
Flughafentransfer: Flug bis
Hanimaadhoo oder direkt mit
dem Wasserflugzeug (50 Min.),
Bootstransfer (45 Min.)

Auch wenn die Insel relativ exponiert inmitten des nördlichsten Atolls liegt, besitzt sie doch alle wünschenswerten Attribute. Sie ist gleichmäßig oval, liegt fast mittig auf einem gleichfalls ovalen Faru von ca. 1 km Länge, wird nahtlos umsäumt von einem feinsandigen Strand und besitzt eine üppige, dschungelähnliche Vegetation.

Die Insel wurde 2008 mit einem Resort gehobener Kategorie touristisch erschlossen. Dabei nahm man größtmögliche Rücksicht auf die bestehende Vegetation. Die inzwischen zu den JA Resorts & Hotels in Dubai gehörende Anlage bietet luxuriöse, stylische Unterkünfte in 29 mit Palmstroh gedeckten Suiten, Villen und Pavillons. Die geometrische Form der Insel setzt sich fort in der Anordnung der beiden Wasserbungalowanlagen: Wie die Blätter einer Schiffsschraube mit der Insel als Nabe sind sie im flachen Wasser des Faru symmetrisch angeordnet.

Das zuletzt durch den Tsunami 2004 belastete Hausriff erholt sich langsam, es ist bequem über einen der beiden Inselstege oder, falls man dort wohnt, auch über die Wasserbungalowanlage zu erreichen, allerdings muss mit Strömungen gerechnet werden. Dagegen ist das Schwimmen im bauchtiefen Wasser der schönen Lagune von jeder Stelle der Insel aus gut möglich.

Die sehr ansprechend gestalteten Wohneinheiten bieten jede erdenkliche Annehmlichkeit inklusive 24-Stunden-Butlerservice. Zu den Bungalows an Land gehört jeweils eine private, möblierte Strand-Cabana. **!** Zwei nahe gelegene unbewohnte Inseln werden vom Hotel genutzt. Man kann dort ein privates Diner zelebrieren oder einen Robinson-Tag verbringen.

Verpflegt wird in drei Restaurants, abhängen können Inselgäste in drei Bars, eine davon am Infinity-Pool mit Blick aufs Meer, eine zweite am Amazon-Pool inmitten der dschungelartigen Vegetation. Die Behandlungspavillons des Spa liegen eingebettet in üppiges Grün mit Bächlein und Wasserfällen.

Für kleine Gäste gibt es einen Kinderpool, ein Spielzimmer und Beschäftigungsprogramme.

Sport & Aktivitäten

Tauchschule Sun International (PADI, Nitroxtauchen), Windsurfen, Katamaransegeln, Kanuverleih. Tennisplatz, Badminton, Beachvolleyball. Fitnesscenter, Yoga, Spa.

Ausflüge

Schnorcheltrips, Besuch der Einheimischeninsel Utheemu.

Alidhoo 14 [B2]

J Resort Alidhoo

Tel. 650 1111
www.jhotelsresorts.com; €€
Karte: Seite 136
Größe: 400 × 450 m
Umrundung zu Fuß: 20 Min.
Flughafentransfer: Flug bis
Hanimaadhoo (50 Min.) und
Schnellboot (15 Min.)

Die fast kreisrunde Insel liegt gute 10 km vom Regionalflughafen Hanimadhoo entfernt und ist mit dem Boot schnell zu erreichen. Alidhoo selbst hat keine Lagune und ist ringsum von einem tief abfallenden, fischreichen Hausriff umgeben. Viele weitere spektakuläre Tauchspots liegen ganz in der Nähe. Einen Nachteil hat die ungeschützte Lage der Insel allerdings: Je nach jahreszeitlichem Monsunwind kann der Sandstrand auf die Ost- oder Westseite verfrachtet werden, zurück bleibt Korallenbruch, der beim Barfußgehen zur Vorsicht zwingt. Wem der vorhandene Strand nicht genügt: Das Resort bietet täglich kostenfreie Bootsausflüge zum Schwimmen, Schnorcheln und Sonnenbaden auf einer nahen Sandbank an.

Die Insel selbst ist dicht bewachsen und gärtnerisch gepflegt, entspricht damit der Idealvorstellung von einer tropischen Insel. 54 Strandvillen reihen sich entlang der Westseite, der Flachwasserbereich an der Ostseite dagegen wurde mit 45 doppelstöckigen Wasserbunga-

lows besetzt, die gegen anstürmende Wellen durch Wellenbrecher geschützt sind. Letztere werden von den marinen Bewohnern gerne als neuer Siedlungsplatz genutzt. Die Zimmer sind sämtlich mit allem erdenklichen Komfort ausgestattet und verfügen jeweils über ADSL-Internetzugang.

Verpflegt wird der Gast in zwei Open-Air-Restaurants, und man trifft sich gerne in Strandnähe am Swimmingpool in der »Bliss Bar«. Die ruhige Insel ist sicher kein bevorzugtes Ziel für Animationsfreaks – wer hierher kommt, sucht eher Abgeschiedenheit mit Komfort, Ruhe und Naturnähe. Für Entspannung der Gäste sorgen ein Spa und ein Gym.

Die hervorragend ausgestattete Tauchbasis unterhält auf Alidhoo die einzige Dekompressionskammer des Atolls. Ärztliche Betreuung ist hier rund um die Uhr gewährleistet. Das breit gefächerte Kurs- und Ausflugsangebot wird durch Tauchkurse für Kinder und nächtliche Schnorchelexkursionen ergänzt. Kinder von 4–15 Jahren werden im Kinderklub mit eigenem Pool betreut, inklusive Schnorchel- und Inselexkursionen.

Sport & Aktivitäten

Tauchbasis Meridis Dive (PADI), Katamaranverleih (für Ungeübte auch mit Begleitung), Fitnesscenter, Tennisplatz, Wasserski, Windsurfen, Volleyball.

Ausflüge

Schnorcheltrips, Besuch der Einheimischeninsel Utheemu.

SÜDLICHE ATOLLE

Kleine Inspiration

- **Strandleben genießen** an den paradiesischen Stränden der Bilderbuchinsel Filitheyo › S. 142
- **Sich den Wind um die Ohren wehen lassen** beim Segeln in der Lagune von Meedhufushi › S. 143
- **Delfine und ihre Kunststücke beobachten** vor Velavaru › S. 146
- **Eine Kanufahrt unternehmen** und so die wunderschöne Lagunenlandschaft von Hakuraa Huraa erkunden › S. 146
- **Einheimischendörfer mit dem Rad besuchen** im Gan-Atoll › S. 150

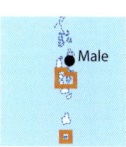

Einige Inseln im Süden der Malediven sind aus archäologischer Sicht interessant, weil dort Hinweise auf die hinduistische Vergangenheit des Landes entdeckt wurden. Viele unbewohnte Eilande warten auf Entdeckung.

Die Atolle **Faafu** und **Dhaalu (Nord- und Süd-Nilandhe)** sind mit ihren vielen Farus und Thilas im Aufbau dem benachbarten Ari-Atoll sehr ähnlich. Mit knapp 30 km Durchmesser und 23 Inseln ist Faafu eines der kleinsten maledivischen Atolle. Etwa 4700 Menschen leben hier auf fünf Inseln, bisher wurde nur eine Hotelinsel eröffnet. Auf der Insel Nilandhoo steht eine im 12. Jh. errichtete Moschee. In ihr wurden Steine einer alten Tempelanlage verbaut, ein Hinweis auf die hinduistische Vergangenheit der Malediven.

Das sich im Süden unmittelbar anschließende Dhaalu-Atoll ist mit 38 × 20 km etwas größer; auf sieben Inseln leben 7500 Menschen. Von den insgesamt 56 Inseln wurden bislang fünf für den Tourismus erschlossen. Beide Atolle sind noch relativ unberührt, und so findet man hier auch zwei marine Schutzgebiete mit intakter Unterwasserwelt.

Fast alle 33 Inseln im 47 × 27 km großen **Meemu-Atoll** (Mulaku) liegen auf der Ostseite des Atollrings und keine einzige in der Atollmitte. Hier im Osten reiht sich auch eine lange türkisfarbene Lagune an die andere – ein spektakulärer Anblick beim Anflug mit dem Wasserflugzeug. Auch wenn damit der Atollring im Norden und Osten sehr ge-

schlossen erscheint und nur durch wenige Kanäle durchbrochen wird, findet man doch genau dort einige besonders schöne Tauchplätze. Nur 6500 Insulaner leben hier auf acht Inseln, alle auf der Ostseite des Atolls. Touristische Anlagen findet man derzeit lediglich auf den beiden Inseln Hakuraa Huraa und Medhufushi, doch sind bereits weitere Resorts im Süden geplant.

Das 17 km große **Addu-Atoll** (Seenu) als südlichste Riffformation der maledivischen Atollkette liegt etwa 70 km unterhalb des Äquators. Seine teils dicht bevölkerten Inseln bieten nicht die unberührte Schönheit der nördlichen Atolle, dafür kann man sich über das Inselresort hinaus bewegen. Denn vom Flugplatz auf der Insel Gan ausgehend sind die Inseln auf der Westseite bis einschließlich Hithadhoo über Deichbrücken verbunden; man kann so mit dem Fahrrad auf einer 16 km langen Straße die Gegend erkunden und maledivisches Dorfleben einmal auf eigene Faust erleben. Bis 1976 war auf der Insel Gan ein Luftwaffenstützpunkt der Briten installiert, aus dessen Infrastruktur die erste Hotelanlage Equator Village entstand. Mit der Erweiterung des Flugplatzes zum Gan International Airport und zwei weiteren Hotelanlagen hat sich das Atoll auf größere Besucherzahlen eingestellt.

Lagune im Meemu-Atoll

Hotelinseln im Nilandhe-Atoll

Filitheyo **1** [E4]

Filitheyo Island Resort

Tel. 670 0025
www.aaaresorts.com.mv; €
Karte: Seite 142
Größe: 400 × 700 m
Umrundung zu Fuß: 30 Min.
Flughafentransfer: Wasserflugzeug
(35 Min.) plus Bootstransfer (15 Min.)

Die nahezu dreieckige Insel als bis dato einzige touristische Anlage am östlichen Außenriff des Nord-Nilan-

Faafu- und Dhaalu-Atoll (Nilandhe)
— beschriebene Insel

0   20 km

Kadumoonufushi
Faafu-Atoll
Himithi
Feealee
Maafushi
1 Filitheyo
(Filitheyo Island Resort)
Maavaruhuraa
Maavarufalhu
Fushi
Bileydhoo
Magoodhoo
Nilandhoo
Meedhufushi
(Sun Aqua Vilu Reef)
Dhaalu-Atoll
Aluyifushi Velavaru
2
Maagaa **3** (Angsana Resort & Spa)
Vommuli
Dhoores Kannehfaru
Maalefaru
Hulhudheli Hulhuvehi
Gemendhoo
Vallalhohh
Kadimmaa
Vaani
Gahadhifushi Olhuveli Maaeboodhoo
Maafushi
Kudahuvadhoo

dhe-Atolls lockt besonders Taucher an, versprechen doch viele nahe Riffkanäle einige Highlights an neuen Tauchplätzen mit gutem Fischbesatz. Zum Teil nur 20 m vom Strand entfernt liegt ein auf der Nordseite spektakulär bis auf 100 m abfallendes Hausriff, das über mehrere markierte Einstiege erreichbar ist. Allerdings muss mit starker Strömung gerechnet werden.

Alternativ werden Schnorchelausflüge per Boot zu benachbarten Riffen angeboten. **!** Die unkomplizierte Barfußinsel wird aber auch von Nicht-Tauchern gerne aufgesucht, bietet sie doch ein sehr gutes Preis-Leistungs-Verhältnis.

Filitheyo ist dicht mit Palmen bewachsen und bietet den Bungalows somit reichlich natürlichen Schatten. Hinzu kommen schöne Sandstrände im Norden und Süden der Insel (z. T. mit Korallenbruch durchsetzt), und fertig ist **!** ein maledivisches Bilderbucheiland.

Auf der flächenmäßig sehr großen Insel kommt auch bei Vollbelegung keine Enge auf. Wem die Entfernungen zu groß sind, der kann sich ein Fahrrad mieten.

Die insgesamt 125 Zimmer verteilen sich auf Einzel- und Doppelbungalows entlang dem Strand; daneben gibt es 16 Wasserbungalows mit Jacuzzi im Südwesten der Insel. Die Einrichtung mit massiven Teakholzmöbeln orientiert sich am Kolonialstil. Alle Zimmer besitzen Klimaanlage, Süßwasser warm/kalt,

Filitheyo ist bis dicht an den Strand heran mit Kokospalmen bewaldet

TV, Telefon und Minibar. Praktisch ist die Außendusche zur schnellen Abkühlung. Direkt am Lagunenstrand liegt die offen gestaltete und landestypisch mit Palmstroh gedeckte Lobby. Darin sind neben der Rezeption das offene Restaurant, eine Snackbar, Shops und eine Krankenstation untergebracht.

Ein balinesisches Spa-Zentrum verwöhnt die Gäste. Beliebt sind der Süßwasserpool mit Liegeterrasse und Barservice sowie die Sunset-Bar am Pool.

Sport & Aktivitäten
Diving Center Werner Lau (CMAS, PADI, Nitroxtauchen), Windsurfen, Katamaransegeln, Kanuverleih. Badminton, Volleyball. Fitnessraum, Spa.

Ausflüge
Schnorcheltrips, Besuch der Einheimischeninsel Feeali.

Meedhufushi **2** [E4]

Sun Aqua Vilu Reef

Tel. 676 0011
https://www.sunsiyam.com/resorts/
vilu-reef-maldives/; €–€€
Karte: Seite 142
Größe: 400 × 170 m
Umrundung zu Fuß: 20 Min.
Flughafentransfer:
Wasserflugzeug (40 Min.)

Die dicht mit Palmen bewachsene Insel liegt im Nordosten des Atolls. Ein tiefer Atollkanal trennt sie von der nur 700 m entfernten Einheimischeninsel Meedhu. Auf der Westseite hat sich zur kilometerlangen Lagune hin ein breiter Sandstrand gebildet, und an den Schmalseiten läuft die Insel in lang gestreckten Sandzungen aus, ideal zum Baden und Sonnen. Für Wassersportler bietet die tiefe Lagune ein geschütztes Revier zum Windsurfen und Katamaransegeln. Auf diese geografische Gegebenheit weist bereist der Name »Vilu Reef« hin – er bezeichnet eine Insel an einer von einem Riff begrenzten Lagune.

Sofern Wellengang und eine oftmals starke Strömung es nicht verbieten, kann man das Hausriff an der Südostseite nach etwa 30 bis 60 m Schnorchelstrecke über drei markierte Riffdurchbrüche problemlos erreichen. Hier stehen die Chancen gut bunte Fischschwärme zu beobachten. Diese Inselseite ist relativ ungestört von Boot- und Wassersportbetrieb, der Strand kann aber bei starkem Nordostmonsun trotz vorgelagerter Wellenbrecher stellenweise abgeschwemmt sein. Für Schwimmer und weniger geübte Schnorchler empfiehlt sich eher die geschützte Lagune.

60 rings um die Insel verteilte runde Strandbungalows mit Holzterrasse und 20 Doppelbungalows in der Inselmitte, aber auch die 41 in einem riesigen Oval im Norden der Insel angeordneten Wasserbungalows mit Whirlpool bieten eine luxuriöse und komfortable Unterkunft. Dabei fallen die Landbungalows von der Seeseite gesehen noch nicht einmal besonders auf, so gut wurden sie in die dichte Vegetation integriert. Alle Zimmer sind klimatisiert, haben Direktwahltelefon und Sat-TV. ❗ Koloniales Flair verströmt die stilvolle Einrichtung der Bungalows, zu der große Himmelbetten und ein Diwan gehören. Möbel und Böden bestehen aus edlem Teakholz.

Das Management scheint sein Konzept besonders auf frisch verheiratete Paare oder andere festliche Anlässe ausgerichtet zu haben: Mit ganz privaten Events und, interessant

Wasserbungalow im Vilu Reef Resort auf Meedhufushi

für Honeymooner, einigen ⚠ besonders hübsch eingerichteten Wasserbungalows wird hier ganz speziell auf
die Wünsche dieser Kundengruppe
eingegangen. ⚠ Bei Hochzeitszere-
monien ist die Anwesenheit eines
Dolmetschers ratsam, da sie u. U. in
Dhivehi begangen werden.

An den Rezeptionsbereich mit
Souvenirshop schließt sich auf der
einen Seite das Open-Air-Restaurant an. Auf der anderen Seite warten ein Coffee Shop und die Nautilus Bar mit schöner Terrasse zum
Meer auf Gäste. Am nördlichen Inselende bietet das Resort einen Infinity-Süßwasserpool mit Liegeterrasse und Poolbar; hier liegt auch
das À-la-Carte-Restaurant. Die
Karaoke-Bar im Inselinneren besitzt eine Showbühne, auf der an
manchen Abenden ein Unterhal-
tungsprogramm mit Disco oder
Livemusik geboten wird.

Bei einem Inselhotel dieser Grö-
ßenordnung dürfen natürlich auch
ein Spa-Center mit ayurvedischem
Behandlungsprogramm sowie eine
ständig besetzte ärztliche Praxis
nicht fehlen.

Sport & Aktivitäten
Sun Diving School (PADI, CMAS,
Nitroxtauchen), Windsurfen, Kata-
maransegeln, Wasserski, Kanuverleih,
Wakeboarden. Tennis (Flutlicht),
Tischtennis, Volleyball, Billard,
Fitnessraum.

Ausflüge
Trips zu Einheimischeninsel und
unbewohnter Insel, Schnorchelausflüge,
Delfinbeobachtung.

Velavaru 3 [E4]

Angsana Resort & Spa Velavaru

Tel. 676 0028
www.angsana.com; €€€
Karte: Seite 142
Größe: 400 × 200 m
Umrundung zu Fuß: 20 Min.
Flughafentransfer:
Wasserflugzeug (40 Min.)

Die mit Palmen schön bewachsene
Insel liegt 2 km südlich der Einheimischeninsel Meedhu und besitzt
trotz der unmittelbaren Lage am
Außenriff eine geschützte und damit
für Wassersportzwecke gut geeignete, tiefere Lagune.

Als eine der ersten Inseln in den
für den Tourismus neu geöffneten
Atollen wurde Velavaru 1998 in Betrieb genommen. Anfangs recht fa-
miliär, wurde auch diese Insel zur
luxuriösen Lifestyle-Anlage ausgebaut und hat sich nun zum Treffpunkt einer etwas anspruchsvolle-
ren Klientel gemausert. Der Name
»Angsana« steht für exklusive Well-
nesshotels, entsprechend ist der Spa
mit seinen 12 Pavillons und Behandlungsräumen der Schwerpunkt
im Angebot der Hotelinsel.

Das maledivische Wort »Velavaru« bedeutet »Schildkröteninsel«,
und tatsächlich ist die Insel bei diesen Tieren sehr beliebt. ⚠ Die vor
Wellen und Strömung gut geschützten, breiten Sandstrände bieten
ideale Voraussetzungen für die Ei-
ablage. In der flachen Lagune rings
um die Insel finden die geschlüpften

kleinen Amphibien gute Voraussetzungen zum Überleben. Was für die Schildkröten gut ist, bedeutet für Schnorchler allerdings einen Nachteil, denn ein Hausriff erreicht man erst nach mehreren Minuten Schwimmen. Dafür ist das Riff auch in einem sehr guten Zustand. Für weniger Sportliche werden Schnorchelausflüge mit dem Boot angeboten. **50 Dinge** ③ › S. 12.

Mit 79 Villen im landestypischen Stil mit Palmstrohdach, in verschiedenen Größen und Ausstattungen von 88 bis 473 m² Wohnfläche, wird versucht, dem Anspruch nach Privatsphäre und Luxus gerecht zu werden. Dazu gehört in vielen der Bungalows ein eigener Swimming- oder Whirlpool und ein halb offenes, zum Teil überdachtes Bad. Einrichtung und Accessoires kennzeichnen eine moderne Gestaltung und frische Farben.

Nicht alle Bungalows liegen an der Beachfront. Einige, dafür noch besser ausgestattet und etwas zurückversetzt in der Vegetation, **!** bieten mit einem kleinen Garten mehr Intimität. Für das leibliche Wohl sorgen zwei Restaurants am Strand und eine Bar mit Internetanschluss. Auch Velavaru hat sich mit einem Hochzeitspavillon auf die Wünsche Trauungswilliger eingestellt.

Auf der anderen Seite der Lagune, an der Riffkante, wurde eine für maledivische Verhältnisse futuristisch anmutende Wasserbungalowanlage namens InOcean Villa mit 33 Einheiten samt Restaurant und Spa errichtet, eine extravagante Luxus-Oase nicht für jedermann.

Sport & Aktivitäten
Tauchbasis (PADI), Windsurfen, Katamaransegeln, Kanuverleih. Volleyball, Fitnesscenter, Spa.

Ausflüge
Delfinbeobachtung, Segelausflüge, Schnorcheltrips, Inselhüpfen.

Hotelinseln im Meemu-Atoll

Hakuraa Huraa 4 [F5]

Cinnamon Hakura Huraa

Tel. 672 0014
www.cinnamonhotels.com; €
Karte: Seite 147
Größe: 350 × 150 m
Umrundung zu Fuß: 25 Min.
Flughafentransfer:
Wasserflugzeug (40 Min.)

Hakura Huraa heißt übersetzt »Riff über dem Wasser«, und fast scheint es, als sei mit dieser Beschreibung auch die Hotelanlage gemeint. Denn ihr Anblick ist zunächst etwas gewöhnungsbedürftig: Genau entlang der Außenriffseite der kleinen, halbmondförmigen Insel erstreckt sich in einem langen Bogen der größte Teil der zur Verfügung stehenden Hotelzimmer, eine Kette von 70 klimatisierten Wasserbungalows in strahlendem Weiß. Nach dem Tsunami von 2004 wurde die All-Inclusive-Anlage von der Keells-Hotelgruppe unter dem Markennamen »Chaaya« übernommen und mit großem Aufwand wieder aufgebaut. Inzwischen wurde sie von Cinnamon übernommen.

Die mit Büschen und einigen Palmen bewachsene Sandbank am Südostrand des Atolls liegt in einer fast unwirklich anmutenden, wunderschönen Lagunenlandschaft mit weiteren Sandbänken und kleinen Inselchen in der Nähe. Die Lagune selbst ist allerdings sehr flach und kann bei Ebbe auch zum Teil trocken fallen.

Schwimmen vor den Bungalows und Wassersport ist nur bei Flut möglich, richtig tiefes Wasser findet sich am Ende des 400 m langen Stegs an der Tauchschule.

Die Insel selbst liegt in einer sehr großen Lagune mit einzelnen Korallenspots, verfügt aber über kein schnell erreichbares Hausriff. Zum Ausgleich bietet das Hotel jedoch zweimal täglich kostenfreie Schnorchelausfahrten an. Für Hakuraa Huraa spricht zudem, dass die umliegenden Tauchgründe noch relativ unberührt sind.

Die Entscheidung zwischen Wasser- und Landbungalow dürfte auf Hakuraa leicht fallen, denn erstens gibt es auf der Insel nur zehn Bungalows, und zweitens ist der Aufenthalt in der windumfächelten Lagune weitaus angenehmer als an Land mit dem durch die Wasserbungalows z. T. verstellten Blick. Alle Lagunenbungalows sind über meh-

rere Stege vom Land aus schnell und bequem erreichbar, innen mit viel Holz ausgestattet und haben eine Terrasse, von der man über eine Leiter direkt ins Wasser steigen kann. ❗ Durch ein Glasfenster im Holzboden kann man übrigens die Unterwasserwelt der Lagune beobachten – oder ist es eher umgekehrt?

Die restliche Infrastruktur, wie zwei Restaurants, eine Bar und das Spa, befinden sich auf der Insel in Strandnähe.

Sport & Aktivitäten
Tauchbasis Dive & Sail (PADI), Windsurfen, Katamaransegeln, Tretboot- und Kanuverleih. Volleyball, Tischtennis, Badminton. Fitnessraum, Spa.

Ausflüge
Schnorcheltrips, Privatexkursionen zu einer unbewohnten Insel mit Picknick, Delfinbeobachtung, Ausflug zur Einheimischeninsel Muli.

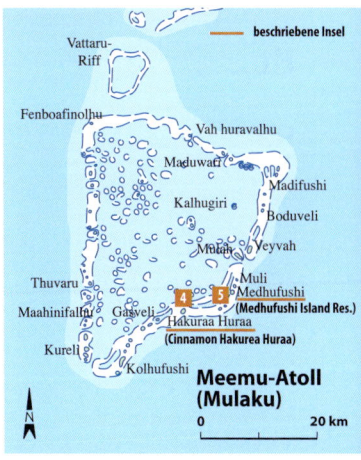

Medhufushi **5** [F4]

Strandbungalows auf Medhufushi

Medhufushi Island Resort

Tel. 672 0026
www.aaaresorts.com.mv; €
Karte: Seite 147
Größe: 900 × 100 m
Umrundung zu Fuß: 30 Min.
Flughafentransfer:
Wasserflugzeug (40 Min.)

Medhufushi – die andere der zwei bislang für den Tourismus erschlossenen Hotelinseln im Meemu-Atoll – liegt direkt auf dem östlichen Atollrand inmitten einer zauberhaften, türkisfarbenen Lagunenlandschaft. Die letzte umfassende Renovierung des Resorts (2007) ist allerdings schon recht lange her.

Das Außenriff des Atolls ist als recht fischreich bekannt, und dank der vielen geschützten Sandbänke und breiten Inselstrände gibt es eine große Population an Meeresschildkröten. Je nach Jahreszeit kann der tauchende Gast in dieser Gegend mit Walhai- oder Mantabegegnungen rechnen. Besonders um die Atollkanäle von Muli, Mulah und Maduwari herum konzentrieren sich mehr als 40 schöne Tauchplätze jeden Schwierigkeitsgrades mit Schwerpunkt auf entspanntem Tauchen. Ein Hausriff gibt es in der weiten Lagune natürlich nicht. Zum Ausgleich wird täglich ein Schnorcheltrip zu den umliegenden Riffen angeboten.

Die bis zu 6 m tiefe, klare Lagune im Westen direkt vor der Insel ist für Wassersport jeglicher Art, insbesondere aber für stressfreie Tauchkurse sehr gut geeignet. **❗** Beeindruckend sind die endlosen weißen Sandstrände. Bei einer derart schmalen Insel überraschend ist die dichte Vegetation. So sind von der Seeseite her die Strandbungalows kaum auszumachen, zu gut liegen die Holzbauten zwischen den vielen Kokospalmen und Büschen versteckt. Dafür bekommt man den Flugbetrieb der Wasserflugzeuge recht gut mit, die tiefe Lagune ermöglicht ein direktes Anlanden der Gäste am Inselsteg.

Die Zimmer der Insel verteilen sich auf 58 hübsche palmstrohgedeckte Strandbungalows, acht Strandvillen mit Doppelzimmern für Familien und 44 Wasserbungalows an der Südseite der Insel. In dieser mit Bedacht gewählten Lage erreicht jedes kühlende Lüftchen, gleich ob aus Ost oder West, die Stelzenbungalows. Auf anspruchsvolle Gäste und Flitterwöchner sind die beiden etwas abseits gelegenen Wasservillen zugeschnitten. Alle Unterkünfte sind klimatisiert und verfügen über eine gehobene Ausstattung mit Teakholzmöbeln wie z. B. einem Himmelbett samt Moskitonetz, großem halboffenen Badezimmer und auch der maledivischen Hängeschaukel *Udhoali*.

Passend zum übrigen Baustil der Insel wurden Rezeption, das Hauptrestaurant mit Büfett sowie ein weiteres À-la-carte-Restaurant am Strand gestaltet. Ebenfalls am Strand:

ein Süßwasser-Swimmingpool mit Sonnenterrasse und Poolbar. ! Sehr schön liegt das auf Stelzen errichtete Luxus-Spa ganz in der Nähe der Wasserbungalows. Auf Wunsch kann man sich aber auch am Strand im Schatten einer Palme mit einer Massage verwöhnen lassen.

Sport & Aktivitäten
Tauchbasis Werner Lau (PADI, CMAS, SSI), Windsurfen, Katamaransegeln, Wasserski, Kajakverleih, Banana Boating. Beachvolleyball, Tischtennis. Spa, Fitnesscenter.

Ausflüge
Schnorchelausflüge, Delfinsafaris, Trips zu unbewohnten und bewohnten Inseln, etwa nach Muli, der Hauptinsel des Atolls.

Hotelinsel im Addu-Atoll

Gan 6 [H6]

Equator Village

Tel. 689 8721
www.equatorvillage.com.mv; €
Karte: Seite 150
Größe: 3 × 5 km
Umrundung zu Fuß: 1 Std.
Flughafentransfer:
Inlandsflug Gan (70 Min.)

Das hübsche Resort inmitten einer gepflegten Parkanlage liegt auf der Lagunenseite der 3 × 5 km großen Insel Gan im Süden des Atolls, nur 1 km vom Airport entfernt.

Ein Unikum in den Malediven: Gan ist über Straßendämme mit Feydhoo, Maradhoo und der Atoll-Hauptinsel Hithadoo verbunden, was Erkundungstouren per Fahrrad (das man kostenlos ausleihen kann) und ausgedehnte Spaziergänge ermöglicht.

Seenu-Atoll (Addu) — beschriebene Insel

0 ____ 10 km

Huhumeedhoo
Hithadhoo
Kandu Huraa
Aboohuraa
Mulikede
Maradhoo
Feydhoo
Villingili
Gan 6
(Equator Village)
N

Die Reihenbungalows mit 78 klimatisierten Zimmern (4–6 Einheiten pro Bungalow) liegen am Nordende der Insel. Im Restaurant werden europäische und asiatische Gerichte, im Coffeeshop À-la-carte-Menüs serviert. In der Gartenanlage befindet sich beim großen Pool mit separatem Kinderbecken zusätzlich eine Bar. Zum Resort gehört auch ein Spa, der Massagen und andere Wellnessanwendungen bietet.

Ein begrenztes Stück Sandstrand findet man in der Nähe des Anlegestegs; das 50 m entfernte Hausriff erstreckt sich über 1500 m entlang der Hotelanlage am Innenriff, mehr sieht man bei einer der beiden täglich angebotenen Schnorchelexkursionen mit dem Boot. Wracktauchgänge zu dem 1946 in der Lagune vor Maradhoo versenkten Tanker »British Loyalty« ermöglichen Tauchern eine Reise in die militärische Vergangenheit des Atolls. Wegen der schönen Tauchplätze, die übrigens von der Korallenbleiche 1998 verschont wurden, ist Gan als Urlaubsziel bei Sporttauchern sehr beliebt. **50 Dinge** 24 › S. 15.

Sport & Aktivitäten
Tauchbasis Diverland (NAUI, Nitroxtauchen), Windsurfen, Katamaransegeln, Kanuverleih. Tennis (Flutlicht), Squash, Tischtennis, Volleyball, Billard, Spa.

Ausflüge
Fahrradtouren zu benachbarten Einheimischendörfern, Schnorcheltrips.

Infos von A–Z

Ärztliche Versorgung

In Male gibt es mit dem **Indhira Gandhi Memorial Hospital** (Tel. Aufnahme 333 5336, Zentrale 331 6647) und dem privaten **ADK Medical Hospital** (Tel. 331 3553) zwei gut ausgestattete Krankenhäuser. Die Behandlungkosten sind bar zu bezahlen, Medikamente kann man im Hospital oder in benachbarten Apotheken kaufen. Beide Krankenhäuser führen auch Zahnbehandlungen durch.

Einige Hotelinseln und Reiseveranstalter bieten einen ärztlichen 24-Stunden-Dienst an, zum Teil allerdings nur während der Hauptreisezeiten. Eine Erstversorgung bei Verletzungen kann auch durch die Tauchbasis erfolgen. Eine private Reisekrankenversicherung deckt die Kosten eines medizinisch notwendigen Transportes nach Male ab.

Alkohol

Das strikte Alkoholverbot im islamischen Staat Malediven ist lediglich für Touristen auf den Hotelinseln aufgehoben. Nur hier dürfen Alkoholika ausgeschenkt werden. In den Hotels auf Male ist kein Alkohol erhältlich.

Devisenbestimmungen

Die Ein- und Ausfuhr von Landeswährung ist verboten, für Devisen gibt es keinerlei Beschränkungen.

Diplomatische Vertretungen

- **Botschaft der Republik Malediven** Pariser Platz 4, 10117 Berlin, Tel. 030/300 145 523 www.maldivesembassy.de
- **Honorarkonsulat der Republik Malediven in Österreich,** Weimarer Str. 104, 1190 Wien, Tel. 01/3 69 66 44-0
- **Botschaft der Republik Malediven in der Schweiz,** Chemin Louis Dunant 15 B, 1202 Genève, Tel. 0 22/ 7 30 17 24, www.maldivesmission.ch
- **Honorarkonsulat der Bundesrepublik Deutschland,** 38 Orchid Magu, Male 20–05, Tel. 332 2971
- **Honorarkonsulat der Republik Österreich,** 39 Orchid Magu, Male 20–02, Tel. 332 3080
- Die zuständigen Botschaften befinden sich in Colombo/Sri Lanka (D: www.colombo.diplo.de, CH: www.eda.admin.ch) bzw. in Neu Delhi/Indien (A: www.bmeia.gv.at).

Einreise

Staatsbürger aller Länder erhalten gegen Vorlage eines gültigen Reisepasses, eines Rückflugtickets und einer Hotelreservierung (kann auch am Flughafen vorgenommen werden) bzw. gegen Nachweis einer ausreichenden Geldreserve von mindestens 100 US-\$ plus 50 US-\$/Tag bei Einreise ein kostenfreies 30-Tage-Visum. Es kann beim Department of Immigration einmal um 60 Tage verlängert werden (750 MRf).

Elektrizität

Die Netzspannung auf den Hotelinseln und auf Male beträgt 230–240 V/50 Hz. Die Steckdosen sind oft dreipolig, viele Hotels halten aber Adapter bereit. Wer sicher gehen will, nimmt einen Universaladapter mit. Vorsicht: Der Schutzkontakt ist bei Verwendung von Adaptern u. U. nicht mehr funktionsfähig!

Feiertage

Auf den Malediven sind neben den islamischen Festtagen › S. 73 folgende

Feiertage überall arbeitsfrei: **Neujahr:** 1. und 2. Januar. **Unabhängigkeitstag:** 26. Juli. **Nationalfeiertag** (Tag des Sieges): 3. November. **Tag der Republik:** 11. November.

FKK
Die Malediven sind ein streng islamisches Land und erlauben weder textilfreies Baden noch »oben ohne«.

Flughafengebühren und Flugrückbestätigung
Bei der Ausreise ist eine Flughafengebühr von 25 US-$ zu entrichten (bei Pauschalreisen meist im Reisepreis inbegriffen). Individualreisende müssen ihr Rückflugticket über das Inselhotel rückbestätigen lassen.

Fotografieren
Wenn sich die Malediver auch an die Fotografierwut der Touristen gewöhnt haben – vorher zu fragen, gebietet die Höflichkeit! Alte Menschen lehnen das Ablichten nicht selten entschieden ab. Häufig wird für das Modellstehen ein kleiner Obolus erwartet. Das Fotografieren von Moscheen, Regierungsgebäuden, Gebäuden und Angehörigen der National Defence Forces sollte man besser unterlassen.

Geld und Währung
Landeswährung ist die Maledivische Rufiyaa (MRf), die sich in 100 Laari aufteilt. Im Umlauf sind Scheine zu 5, 10, 20, 50, 100 und 500 MRf und Münzen zu 1, 5, 10, 25, 50 Laari sowie zu 1 und 2 Rufiyaa. 100 MRf ≈ 5,50 € bzw. 6,30 CHF.

Auf den Hotelinseln benötigt man keine Rufiyaa, man bezahlt am besten mit US-$ in bar bzw. mit Kreditkarten (VISA, Mastercard, American Express, Eurocard) – manche Hotels berechnen dafür Gebühren. Tauchschulen akzeptieren meist keine Kreditkarten.

Wer in Male einkaufen möchte, kann sich in Banken (So–Do 8–13.30 Uhr) mit maledivischen Rufiyaa versorgen, auch besitzen viele Geschäfte eine offizielle Geldwechsellizenz. Akzeptiert werden aber auch US-$ und in größeren Geschäften Kreditkarten.

Gesundheit
Auch wenn man auf den Hotelinseln wegen der vorherrschenden Wasserversorgung durch Entsalzungsanlagen keine Angst vor Durchfallerkrankungen haben muss, sollte man das Leitungswasser besser nicht trinken; die Hotels bieten Mineralwasser an. Eine ausreichende Flüssigkeitsaufnahme ist wichtig: Die hohe Luftfeuchtigkeit und ein stetiger leichter Wind lassen den Körper unbemerkt viel Wasser verlieren. Dehydration kann besonders für Tauchsportler und ältere Menschen gefährlich werden.

Nach Regenperioden treten häufig vermehrt Mücken auf. Ruhe findet man bei Monsunwind tagsüber im Luv der Insel, ansonsten empfehlen sich Mückenschutzmittel, in der Nacht schützen Moskitonetze vor den Plagegeistern. Die meisten Hotels sprühen im Freien Wirkstoffe gegen Moskitos.

Nicht selten erkälten sich Besucher trotz 32 °C und Sonnenschein. Schuld daran sind die Klimaanlagen, aber auch zu kräftig eingestellte Deckenventilatoren. Man sollte die Anlagen deshalb vor dem Schlafen herunter- oder am besten ganz ausschalten.

Wer nicht mit Sonnenbrand im Bungalow liegen will, sollte unbedingt regelmäßig ein Sonnenschutzmittel mit sehr hohem Lichtschutzfaktor (> 20) verwenden. Beim Schwimmen und Schnorcheln sind T-Shirt und lange Hose ganz und gar kein übertriebener Schutz.

Beim Tauchen und Schnorcheln können Erkrankungen des äußeren Gehörganges auftreten. Man beugt vor, indem man sich vor der Reise vom HNO-Arzt die Ohren reinigen lässt. Nach jedem Wasserkontakt sollte man Zug vermeiden und die Ohren mit abgekochtem Süßwasser spülen, zudem ölhaltige Ohrentropfen einträufeln.

Impfungen

Schutzimpfungen sind, sofern man direkt von Deutschland einreist, zur Zeit nicht vorgeschrieben. Die Malediven sind seit Jahren malariafrei.

Es empfiehlt sich jedoch, rechtzeitig vor Abreise beim Impfarzt Auskünfte über die aktuelle Situation einzuholen.

Information

• **Fremdenverkehrsamt der Malediven (Maldives Marketing and PR Corp. Ltd./MMPRC)**, Infoschalter am Airport im Ankunftsbereich oder in Male, 3rd Floor H. Aage, 12 Boduthakurufaanu, Tel. 332 3228, mtbp@visitmaldives.com, www.visitmaldives.com, Mo–Do 9–12 Uhr.
• Informationen zu Tauchkreuzfahrten erhält man unter der Internetadresse www.liveaboardassociation.mv

Internet

Die meisten Hotelinseln bieten zumindest in den öffentlichen Bereichen WLAN-Internetzugang, häufig auch in den Wohneinheiten und kostenfrei. Ein unterseeisches Breitbandkabel über die gesamte Länge der Malediven ist in Planung befindlich.

Kleidung

Gesellschaftskleidung kann man getrost zu Hause lassen! Auf den Hotelinseln sind neben Badeanzug kurze Hosen, Bermudas, T-Shirts oder atmungsaktive kurzärmelige Hemden und Blusen die richtige Wahl. Empfindliche Naturen packen für den Abend oder gegen Wind einen dünnen Jogginganzug oder eine

Jacke ein. Lediglich beim Besuch von einheimischen Dörfern oder der Hauptstadt Male sollte man korrekt gekleidet sein: Herren mit langer Hose und kurzärmeligem Hemd, Damen mit knielangem Rock oder langer Hose und einer die Schultern bedeckenden Bluse.

Am Strand und im flachen Wasser können Badeschuhe vor Verletzungen durch Korallenbruchstücke schützen.

Notruf

In den Touristenresorts erfolgen Notrufe über die Hotelrezeption.
• **Notrufnummern:** Polizei Tel. 119 oder 332 2111, Ambulanz Tel. 102, Feuer Tel. 118
• **Notruf bei Tauchunfällen:** Taucherarzt Bandos, Tel. 664 0088

Post und Telefon

Der für Besucher Males nächstgelegene Post Shop befindet sich in der Boduthakurufaanu Magu 26 im Atoll Port Building am Nordhafen (Sa 9.15–16, So–Do 8.15–18 Uhr); Filiale im Flughafen Hulhule (tgl. 7.30–24 Uhr). Postkarten und Briefe können aber in jeden Briefkasten der Hotels gesteckt oder an der Rezeption abgegeben werden. Briefmarken und Ansichtskarten verkaufen die Hotelshops. Internationale Briefe bis 20 g kosten 16–18 MRf, Postkarten 12 MRf.

Urlaubskasse	
Flasche Wasser (1,5 l)	2,50–4 €
Softdrink	3,5–5 €
Dose Bier	4–6,50 €
Glas Wein (0,2 l)	6–20 €
Glas frisch gepresster Saft	4–18 €
Kleine Portion Eis	3–8 €
Sandwich	8–25 €
Telefon (3 Min.)	16–25 €

Fast alle maledivischen Inseln werden vom Netz der beiden Betreiber Dhiraagu und Ooredoo abgedeckt. Mit den wichtigsten Handyanbietern in D, A und CH bestehen Roaming-Verträge. Mehr dazu erfährt man unter www.dhiraagu. com.mv und www.ooredoo.mv. Falls kein Handyempfang besteht, kann man in vielen Hotelshops Prepaid-Karten für das Festnetz kaufen.

Internationale Vorwahlen: nach Deutschland 00 49, nach Österreich 00 43, in die Schweiz 00 41; auf die Malediven 0 09 60 (alle Inseln).

Souvenirs

Landestypisch sind die hübschen Lackdosen aus dem Baa-Atoll und aus Schilf geflochtene Matten mit geometrischen Mustern von der Insel Gadhdhoo im Gaafu-Dhaalu-Atoll. Leider werden in manchen Inselboutiquen und Geschäften in Male noch immer Schmuckarbeiten aus Schwarzer Koralle und Schildpatt angeboten. Wer etwas für den Erhalt der Korallenriffe tun möchte, sollte vom Kauf Abstand nehmen – derartige Gegenstände dürfen ohnehin von den Malediven nicht aus- und in Europa nicht eingeführt werden. Viele Geschäfte haben sich auf die Herstellung legerer Freizeitkleidung und den Druck von T-Shirts spezialisiert. Liebhaber von Curry-Gerichten erhalten die köstliche Gewürzmischung in Male.

Trinkgeld

Von den Hotels wird eine Service Charge von 10 % erhoben. Darüber hinaus ist jedoch ein persönliches Trinkgeld die richtige Anerkennung für eine gute Dienstleistung und im Übrigen auch die einzige Möglichkeit der Angestellten, ihr mageres Salär etwas aufzubessern. Üblich sind 5–10 US-$ pro Woche für den Service in Zimmer und Restaurant. Das Aushändigen eines Teilbetrages zu Auf-

enthaltsbeginn lässt die Betreuung sicher noch aufmerksamer werden.

Versicherungen

Da zwischen den Malediven und Europa kein Gesundheitsabkommen besteht, empfiehlt sich der Abschluss einer Reisekrankenversicherung, die auch einen medizinisch notwendigen Rücktransport einschließt. Tauchsportler sollten sicherstellen, dass Tauchunfälle abgedeckt sind, und sich andernfalls bei DAN versichern.

Wertsachen

Persönliche Wertsachen und Dokumente können in den Hotels im Schließfach oder Zimmertresor deponiert werden.

Zeitunterschied

MEZ + 4 Std. (während der europäischen Sommerzeit + 3 Std.). Auf weiter entfernten Inseln (z. B. im Ari-Atoll) wird oft mit einer inseleigenen Zeit (Malezeit + 1 Std.) gerechnet.

Zollbestimmungen

Nicht erlaubt ist die Einfuhr von Alkoholika, Produkten aus Schweinefleisch, Nacktabbildungen in Magazinen, den Islam diffamierendem Material, Feuerwaffen, Harpunen und Drogen.

Achtung: Der Besitz geringster Mengen Rauschgift kann eine lebenslange Haftstrafe zur Folge haben!

Wer ein spezielles Medikament einnehmen muss und deswegen den entsprechenden Vorrat einführen will, sollte die ärztliche Verordnung und den Beipackzettel mitnehmen, da das Arzneimittel sonst den Verdacht illegalen Drogen-Imports erwecken könnte. Videos und DVDs müssen deklariert werden; mit Kontrollen ist zu rechnen. Aktuelle Infos: www.customs.gov.mv.

Register

Bildnachweis

Coverfoto: Tropischer Strand im Süd-Male Atoll © AWL-Images/Jon Arnold
Fotos Umschlagrückseite © Fotolia/R. Rosenwirth (links), laif/Sophie Henkelmann (Mitte); LOOK-foto/Reinhard Dirsherl (rechts)

Fotolia/Franz K.: 23; Fotolia/pixelbelichter: 13; Fotolia/Gerd Reiber: 56; Fotolia/Juergen Rudorf: 63 u. r.; Fotolia/M. Rosenwirth: 6; Getty Images/Reinhard Dirscherl: 37; Getty Images/LOOK-foto/N. Eisele-Hain: 91: Huber Images/R. Schmid: 72, 76, 84, 110, 148, U2-2; Irufushi Resort & Spa: 133: Island-Hideaway/Sakis Papadopoulos: 32. 42, 44. 137; iStockphoto/Armin Lehnhoff: 101; Jahreszeitenverlag/Sophie Henkelmann: 17, 49, 104, U2-3, U2-Klappe; Jahreszeitenverlag/Theis Gulliver: 25; laif: 78; laif/Amme: 143: laif/Hemis: 127, 140; laif/Heuer: 26; laif/Andres Hub: 85; laif/Gerhard Westrich: 99; LOOK-foto/Reinhard Dirscherl: 109, 131; LOOK-foto/N. Eisele-Hein: 69; LOOK-foto/Ulli Seer: 118; NOAA/Photolibrary/Dr. Dwayne Meadows: 19; Pixelio/H.Hoppe: 112; Wolfgang Rössig: 8 o, 9 o, 9 u, 10; shutterstock/Rostislav Ageev: 63 u l; shutterstock/John A. Anderson: 59 u.r.; shutterstock/antos: 63 o r; shutterstock/Andrey Armyagov: 64; shutterstock/Rich Carey: 39; shutterstock/Cigdem Sean Cooper: 63 o.l.; shutterstock/Laura Dinraths: 59 o.r.; shutterstock/elyn: 106; shutterstock/frantisekhojdsz: U2-4; shutterstock/haveseen: 41, 48, 63 m.r.; 117; shutterstock/Ikonya: 53; shutterstock/Kkulkov: 14; shutterstock/Koriolis: 8 u; shutterstock/Patryk Kosmider: 46; shutterstock/magnusdeepbelow: 59 m.l.; shutterstock/matt9123: 38; shutterstock/MotionWorksFilmStudio: 42; shutterstock/nicolasvoisin44: 35; shutterstock/NightOwl: 71; shutterstock/nigrogenic.com: 135; shutterstck/nitrogenic.com: U2-1; shutterstock/Pommeyrol Vincent: 63 ml, shutterstock/stockphoto-graf: 20; shutterstock/S. Siriwachiranusaku: 55; shutterstock/Arunee Rodloy: 59 o.l.; shutterstock/Matt Reston: 59 u.l.; shutterstock/photopixel: 75; shutterstock/Chumash Maxim: 81; shutterstock/Adrin Shamsudin: 96; shutterstock/stocktributor: 114; shutterstock/Rangzen: 122; shutterstock/Dry van Beeck: 59 m.l.; shutterstock/Zoonar GmbH: 36; Soneva Fushi Resort: 125; Vilureef Beach & Spa Resort: 144; Wikipedia/matthias rühlemann: 93.

Liebe Leserin, lieber Leser,
wir freuen uns, dass Sie sich für diesen POLYGLOTT on tour entschieden haben.
Unsere Autorinnen und Autoren sind für Sie unterwegs und recherchieren sehr gründlich,
damit Sie mit aktuellen und zuverlässigen Informationen auf Reisen gehen können.
Dennoch lassen sich Fehler nie ganz ausschließen. Wir bitten Sie um Verständnis, dass der
Verlag dafür keine Haftung übernehmen kann.

Ihre Meinung ist uns wichtig. Bitte schreiben Sie uns:
GRÄFE UND UNZER VERLAG
Postfach 86 03 66, 81630 München, Tel. 0 89/419 819 41
www.polyglott.de

LESERSERVICE
polyglott@graefe-und-unzer.de
Tel. 0 800 / 72 37 33 33 (gebührenfrei in D, A, CH), Mo–Do 9–17 Uhr, Fr 9–16 Uhr

1. aktualisierte Auflage 2018

© 2018 GRÄFE UND UNZER VERLAG
GmbH, München
Dieses Buch wurde auf chlorfrei gebleichtem
Papier gedruckt.
ISBN 978-3-8464-0264-1

**Bei Interesse an maßgeschneiderten
POLYGLOTT-Produkten:**
Verónica Reisenegger
veronica.reisenegger@graefe-und-unzer.de

Bei Interesse an Anzeigen:
KV Kommunalverlag GmbH & Co KG
Tel. 089/928 09 60
info@kommunal-verlag.de

Redaktionsleitung: Grit Müller
Verlagsredaktion: Anne-Katrin Scheiter
Autor: Wolfgang Rössig, Hans Hein
Redaktion: Buch & Gestaltung, Britta Dieterle;
Dagmar Lutz, Fred Feuerstein
Bildredaktion: Barbara Schmid
Mini-Dolmetscher: Langenscheidt
Layoutkonzept/Titeldesign:
fpm factor product münchen
Karten und Pläne: Sybille Rachfall und
Kunth Verlag GmbH & Co. KG
Satz: Tim Schulz, Mainz und
uteweber-grafikdesign
Herstellung: Anna Bäumner
Druck und Bindung:
Printer Trento, Italien

PEFC/18-31-506

GRÄFE
UND
UNZER

Ein Unternehmen der
GANSKE VERLAGSGRUPPE

Mini-Dolmetscher Englisch

Allgemeines

Guten Morgen.	Good morning. [gud **moh**ning]
Guten Tag. (nachmittags)	Good afternoon. [gud after**nuhn**]
Hallo!	Hello! [**hä**lloh]
Wie geht's?	How are you? [hau ah‿ju]
Danke, gut.	Fine, thank you. [**fain, öänk**‿ju]
Ich heiße ...	My name is ... [mai **nehm**‿is]
Auf Wiedersehen.	Goodbye. [gud**bai**]
Morgen	morning [**moh**ning]
Nachmittag	afternoon [**after**nuhn]
Abend	evening [**ihw**ning]
Nacht	night [nait]
morgen	tomorrow [tu**morr**oh]
heute	today [tu**deh**]
gestern	yesterday [**jester**deh]
Sprechen Sie Deutsch?	Do you speak German? [du‿ju spihk **dsch öh**man]
Wie bitte?	Pardon? [**pahdn**]
Ich verstehe nicht.	I don't understand. [ai **dohnt** ander**ständ**]
Würden Sie das bitte wiederholen?	Would you repeat that please? [wud‿ju ri**piht** öät, **plihs**]
bitte	please [**plihs**]
danke	thank you [**öänk**‿ju]
was / wer / welcher	what / who / which [wott / huh / witsch]
wo / wohin	where [wää]
wie / wie viel	how / how much [hau / hau **matsch**]
wann / wie lange	when / how long [wänn / hau **long**]
warum	why [wai]
Wie heißt das?	What is this called? [**wott**‿is öis **kohld**]
Wo ist ...?	Where is ...? [**wäär**‿is ...]
Können Sie mir helfen?	Can you help me? [kän‿ju **hälp**‿mi]
ja	yes [jäss]
nein	no [noh]
Entschuldigen Sie.	Excuse me. [iks**kjuhs** miöə]
rechts	on the right [on öə reit]
links	on the left [on öə left]
Gibt es hier eine Touristeninformation?	Is there a tourist information? [is‿öär‿ə **tuə**rist infamehschn]
Haben Sie einen Stadtplan?	Do you have a city map? [du‿ju häw‿ə **ßiti** mäpp]

Shopping

Wo gibt es ...?	Where can I find ...? [wää kən‿ai faind ...]
Wie viel kostet das?	How much is this? [hau‿matsch is‿öis]
Das ist zu teuer.	This is too expensive. [öis‿is **tuh** iks**pänn**ßiw]
Das gefällt mir (nicht).	I like it. / I don't like it. [ai laik‿it / ai **dohnt** laik‿it]
Wo ist eine Bank / ein Geldautomat?	Where is a bank / a cash dispenser? [wäär‿is ə‿**bänk** / ə‿**käsch** dispännser]
Geben Sie mir 100 g Käse / zwei Kilo ...	Could I have a hundred grams of cheese / two kilograms of ... [kud‿ai häw‿ə **hanndr**əd grämms‿əw **tschihs** / **tuh kill**əgrämms‿əw ...]
Haben Sie deutsche Zeitungen?	Do you have German newspapers? [du‿ju häw **dsch öh**mən **njuh**spehpers]

Essen und Trinken

Die Speisekarte, bitte.	The menu please. [öə **männ**ju plihs]
Brot	bread [bräd]
Kaffee	coffee [**koff**i]
Tee	tea [tih]
mit Milch / Zucker	with milk / sugar [wiö‿**milk** / **schugg**er]
Orangensaft	orange juice [**orr**əndseh‿dsehuhs]
Mehr Kaffee, bitte.	Some more coffee please. [ßəm‿moh **koff**i plihs]
Suppe	soup [ßuhp]
Fisch	fish [fisch]
Fleisch	meat [miht]
Geflügel	poultry [**pohl**tri]
Beilage	sidedish [**ßaid**disch]
vegetarische Gerichte	vegetarian food [wädseh ə**tärr**iən fud]
Eier	eggs [ägs]
Salat	salad [**ßäl**əd]
Dessert	dessert [di**ßöht**]
Obst	fruit [fruht]
Eis	ice cream [ais **krihm**]
Wein	wine [wain]
weiß / rot / rosé	white / red / rosé [wait / räd / **roh**seh]
Bier	beer [biə]
Mineralwasser	mineral water [**minn**rəl wohter]
Ich möchte bezahlen.	I would like to pay. [ai‿wud **laik**‿tə peh]

Meine Entdeckungen

....

....

....

....

....

....

....

....

....

....

....

....

....

....

....

....

....

Clevere Kombination mit POLYGLOTT **Stickern**
Einfach Ihre eigenen Entdeckungen mit Stickern von 1–16 in der Karte markieren und
hier eintragen. Teilen Sie Ihre Entdeckungen auf facebook.com/Polyglottreisewelt.

Checkliste Malediven

Nur da gewesen oder schon entdeckt?

☐ **Hammerhaie beim Frühstück**
Nur im Morgengrauen lassen sich diese faszinierenden Meeresbewohner vor Kuramathi blicken. › S. 110

☐ **Flug zu den Walhaien**
Mit dem Wasserflugzeug können Sie die majestätischen Fische entspannt durch große Fenster bewundern. › S. 12

☐ **Tauchsafari de luxe**
Mit dem Four Seasons Explorer kann man versteckte Strände und einsame Tauchreviere entdecken. › S. 12

☐ **Wellness unter Wasser**
Im Unterwasser-Spa von Huvafen Fushi verfolgen neugierige Fische das Verwöhnritual. › S. 12, 88

☐ **Die blaue Lagune**
Glasklares Wasser, Farbschattierungen von Himmelblau bis Türkis, blendend-weißer Sandstrand und am Horizont eine Palmeninsel: Die Lagune von Olhuveli erfüllt alle Urlaubs-klischees. › S. 98

☐ **Frischer Rifffisch**
Mit Pfeffer, Curry, Knoblauch und Chili eingerieben, gegrillt oder gebraten: So schmecken Thunfisch und Schnapper am besten. › S. 14

☐ **Natürlicher Energydrink**
Herrlich erfrischend schmeckt das kühle vitaminreiche Wasser der Kurumba, einer frisch aufgeschlagenen Kokosnuss. › S. 13

Mitbringsel für daheim

Die verzierten **Lackholzdosen** aus Thulhaadhoo sind nicht nur hübsch, sondern auch praktisch › S. 71

Die handgewebten **Grasmatten** von Gadhdhoo zaubern maledivisches Flair in die Wohnung › S. 15